透過
正向教養
讓「容易放棄的孩子」變成「堅持到底的孩子」

岡崎大輔／著　陳姵君／譯

序文　—非認知能力低落時，孩子便無法活躍於社會—

「害怕失敗不敢採取行動」、
「三兩下就放棄」、
「沒有特別想做的事」、
「無法主動融入團體」、
「無論做什麼都無法長久」。

看到孩子的表現，您是否也有這樣的感想呢？

「希望所有人都不要放棄自己想做的事」是促成我寫下本書的唯一心願。

小學時代，我是一個凡事習慣立刻打退堂鼓的**「容易放棄孩子」**。即便有喜歡的對象，也會覺得「找對方說話只會惹人嫌而已」，甚至不敢出聲打招呼。當時很想報名籃球社，卻認為「跑得快又長得高的人一堆，輪不到我上場比賽」因而未加入。

除了念書以外，我對任何事都沒有自信，總是觀察周遭同學的臉色，無法說出想說的話、無法做真正想做的事，校園生活對我來說一點都不有趣。

接著我考上私立國中，深信人生會就此有所轉變，但故態依舊，一切一如既往。儘管成功加入了心心念念的籃球社，卯足了勁苦練卻從未被派上場比賽。這其實是必然的結果。因為害怕失敗，所以我專挑絕對能上手的項目練習，並且對學長姐的建議置若罔聞。我從不曾想過自己究竟是為了什麼目的而練習，只會怪罪周遭與環境，總是有說不完的「藉口」。

而在高二那年的夏天，我放棄了熱愛的籃球。

「我不是打籃球的料，因為一點都不有趣所以才放棄」我如此告訴自己，逃避了自己真正想做的事。

在這之後，不管做什麼都變成三分鐘熱度，無法全心投入，三兩下就放棄。自然也無法得到想要的結果。當時真的很痛恨這樣的自己。

我不想放棄自己！　這是最後的機會！

接下來我進入大學就讀。這真的是在出社會前的最後機會。

「我要告別沒用的自己」、「向身邊人們證明自己能努力達成目標」。

我如此下定決心，並加入了袋棍球社。幾乎所有人都是上大學後才接觸到袋棍球這項運動，因此大家都處於相同的起跑點。

「這次我一定要認真投入，絕不逃避！」

這是我出生以來第一次為自己的人生做主。

我思考自己想成為什麼樣的選手，下功夫挑戰不擅長的部分，並且寫日記分析應進行改善的事項。我亦尋求學長與教練的建議，不光只針對自己，還思考該怎麼做才有助於團隊達成目標，傾注心力為社團做出貢獻。最後，我們袋棍球隊拿下日本全國季軍，個人亦獲選為最佳十人球員。

將從事體育活動所獲得的力量，應用於社會上

日後，我進入了夢想中的外商製藥公司工作。

出了社會後，大學時代所養成的「相信自己」、「信守承諾」、「努力不懈直到交出成果為止」的思維，亦能充分應用於工作上，不但讓我獲頒頂尖業務員獎，還入選為歐洲研習團隊成員。

此外，不僅限於工作方面，人生中各個階段的目標也都如願實現。

□從一竅不通的狀態下學了五年英文，考上美國大學研究所

□（上班族時代）在五年間存了一千五萬日圓

□創立生活技能學院（約有一千名會員）

□獲得美國教育團體的肯定，獲頒優秀教練獎（2013 COACH OF THE SUMMER）

□費時七年所推動的地區教育活動深獲好評，入選為日本全國四十歲以下最為活躍二十人之一（JCI JAPAN TOYP 2019通稱：青年版國民榮譽獎）

我就這樣靠著大學時代的運動經驗脫胎換骨。**從不管做什麼都「容易放棄」的孩子，轉**

變為直到最後「堅持到底」之人。

為何我會有這麼大的改變呢？

因為這是**我為自己所做的決定**。

以前我只是聽從父母的指示乖乖考國中，參加社團活動時教練要我練什麼我就練什麼，從來不曾動腦思索、自主做出決定。

不過就是順勢走上他人為我鋪好的路罷了。所以每當遇到挫折時總是找盡藉口，怪罪於周遭之人。

然而，開始打袋棍球後，我下定決心「要成為先發球員大展身手，所以要全心投入！」每天思考應該做哪些訓練，堅守與自己所做的約定。

日積月累下來，我漸漸變得願意相信自己，也開始敢挑戰不曾嘗試過的事物。我不再為自己找藉口，也不再怪東怪西，而能一心一意全神貫注地堅持到最後。

我在大學時代透過體育活動所獲得的力量，就是本書所欲傳達給讀者們知曉的**「非認知能力」**觀念。

何謂非認知能力？

非認知能力（生活技能）指的是，**無法透過學校考試測驗、無法目視的能力**。

由我主事的學院，引進了我在留學期間所任職的世界最大規模生活技能教育機構，First tee的哲學概念，將非認知能力分為四類。

①**與自身相關的能力**：理解自身的情緒與想法、強項與弱點，懂得重視自我的能力
↓自我認知、自我肯定感、自我效能感
（認為自己有能力做到的信心）

②**與他人相關的能力**：與周遭人們建立良好關係的能力
↓溝通能力、共感力、團隊合作

③**實現夢想的能力**：達成自身所設定的目標之能力
↓計畫性、創造力、行動力

④**解決問題的能力**：適切處理各種問題或狀況的能力
↓自制力、思考力、情緒管理／心理韌性

另一方面，認知能力指的是IQ或學業成績等能透過目視觀測的能力。像是「心算速度很快」、「會寫國字」、「跑很快」等，能透過學校考試等方式測驗的技能即為認知能力。

一直以來，日本的教育重心總是偏向提升學業成績這方面的認知能力。

然而，2020年的教育改革方針則大幅進行調整，將重點放在提升非認知能力的教育上。

在學校等教育現場，從學生只是照抄老師講課內容的單向授課，轉變為**由學生自主思考，大家一起討論的雙向互動教學模式（active learning，主動學習）**。

今後，無論是在學校或社會，相信非認知能力的重要性只會有增無減。

非認知能力決定一個人將來的學歷、年薪與幸福感

為何現在非認知能力會如此備受矚目呢？

這就要從榮獲諾貝爾經濟學獎的芝加哥大學教授，詹姆斯・赫克曼（James Joseph Heckman）所做的幼兒教育研究說起。

研究結果指出，在童年時期曾受過非認知能力強化教育的兒童，在「升學率」、「平均所得」、「犯罪等問題行為」方面，與未曾接受此教育的兒童形成極大的差距。

此外，其他研究亦明確指出「訓練ＩＱ的填鴨式早期教育，無助於提升長期的學習能力」、「非認知能力提升時，學業成績等認知能力也會隨之變好（反之則沒有效果）」、**「在任何年齡皆能提升非認知能力」**、**「非認知能力（＝堅持到底的毅力）愈高，人生的滿足感也會愈高，能過著精神富足的健康生活」**。

誠然，要在社會生存，學業成績與專業知識等認知能力相當重要。

然而，無論就讀多好的學校、多早取得專業證照，**若非認知能力低落，便無法在社會上發揮用心栽培的專業知識與技能**。

父母親的教養方式能提高孩子的非認知能力

本書旨在幫助父母親提升孩子的非認知能力，並針對親子互動方式做介紹。

至今我已指導過一萬名以上的兒童，見證了許多動輒「容易放棄」的孩子，在非認知能力提升後成功培養出「堅持到底」的毅力。

即便是「對自己沒信心」、「害怕失敗」、「輕易放棄」的孩子，只要家長們實踐本書所介紹的互動方式，一定能助其成長為「對自己有信心」、「勇於挑戰新事物」、「直到最後決不放棄」的孩子，這點我敢跟大家保證。

從「容易放棄」的孩子轉變為**「堅持到底」的孩子**、

從「我做不到」轉變為**「我能做到」**、

從「不想長大」轉變為**「期待成為大人」**。

若讀者們能透過本書，找到適合自己與孩子的互動方式，每天充滿樂趣，讓自己與孩子的人生更加閃耀，將是我無上的喜悅。

生活教練　岡崎 大輔（Mr. Okacchi）

參考資料　—非認知能力評量—

下面列出了十個與「容易放棄的孩子」有關的行為習慣。
您的孩子符合哪些項目呢？

「容易放棄的孩子」之行為習慣

□害怕失敗
□難以融入群體
□沒有特別想做的事
□口頭禪為「我做不到」
□寫作業時的態度很不情願
□老愛與他人比較
□總是找藉口
□不肯挑戰新事物
□上課時不敢舉手發表
□不管做什麼都無法持續下去

若您的孩子符合其中任一項目，便有可能為非認知能力低落。

「堅持到底的孩子」之行為習慣

- □不畏失敗
- □呼朋引伴，思考要玩什麼
- □對自己的未來充滿期待
- □口頭禪為「我能做到」
- □不必大人叮囑，能樂在其中地寫作業
- □不在意他人的評價
- □獨立思考、自行作主
- □主動挑戰新事物
- □能大大方方地說出自己的意見
- □能堅持做完決定好的事項

不過，還請讀者們放心。如同我在「序文」所述般，無論在任何年齡，孩子的非認知能力都能隨著父母親的教養方式而提升。

○目次　透過正向教養，讓「容易放棄的孩子」變成「堅持到底的孩子」

第2章 生活習慣篇

第3章 ▼▼▼ 學習習慣篇

第4章 達成目標篇

第5章 ▼▼▼ 人際關係篇

第6章 各種狀況應對篇

第1章

自我肯定感篇

01 堅持到底的孩子總是擁有好心情，容易放棄的孩子總是感到不開心。

一開始想先跟讀者們說這句話。

「沒有任何事會比取悅自己還重要」。

這是深植在我心目中的人生哲學。

「還有比這更重要的事」、「這很以自我為中心，顯得傲慢！」、「只顧著自己的話會被周遭人們討厭，無法在社會生存」。

我想這句話應該會引來這樣的意見。即便如此，我依舊認為讓自己感到愉快是比任何事都還重要的。

「容易放棄的孩子」總是不開心。做什麼事都一臉無趣，只會抱怨，不肯主動出擊。在這種狀態下，孩子會覺得一切都與自己無關，對任何事都提不起勁，無法樂在其中。

「堅持到底的孩子」總是擁有好心情。眼睛閃閃發亮，跌倒了就爬起來，懂得自行找出有趣的事物，專注在「當下這個環境裡」甚至忘我到聽不見周遭的聲音。他們會全心投入，不畏失敗，勇於往前踏出一步。**受到「想知道更多」、「想嘗試更多」的好奇心所驅使，會主動積極地採取行動**。所以才能毫無壓力地持續進行自身所決定的事項。

那麼，究竟該怎麼做才能擁有好心情呢。

其實很簡單。盡可能實現在當下這一瞬間自身所期望的事來取悅自己。想喝水就喝水、看書看累了就休息、腳底癢就抓一抓。

就算是小事也無所謂，盡量做出大量的行動。如此一來「我可以自行滿足自身的願望」、「我有資格變幸福」、「我擁有實現願望的力量」的這種感覺就會萌芽，進而奠定自我肯定的根基。

父母親所能做的就是**尊重孩子的感受**。

比方說，當孩子表示「不想再學某才藝」時，在出言規勸「先別這麼說，再多學幾次看看」前，應先理解孩子目前湧現的情緒。

孩子：「我已經不想再學這個才藝了。」

父母：「已經不想學了喔？是因為覺得無聊嗎？」
孩子：「對啊，已經練到很膩了。」
父母：「所以你是因為練到很膩才不想再繼續囉。」
孩子：「對啊，不學了。」

像這樣，化身為**映照出孩子情緒的明鏡**，透過話語說出其感受即為重點所在。同理孩子的情緒，如下文所述般，尊重孩子的想法，再一起想想是否要再繼續練下去是較為理想的做法。

父母：「謝謝你老實告訴我不想再練的想法。現在就立刻放棄當然也可以，不過再多練習一下或許會發現樂趣也說不定。你願意再努力一下嗎？我就在這裡看著，你覺得如何？」

尊重孩子的心情固然要緊，**但父母親也不應該輕忽自身的感受**。當父母老是壓抑情緒強迫自己忍耐時，就會導致情緒欠佳，難以心有餘裕地與孩子溝通互動。

讀者們是否聽過提問專家松田充弘先生所提倡的香檳塔法則？

香檳塔是在喜宴等典禮上所進行的儀式，會將香檳杯疊成金字塔狀，再從最上層的杯子往下注滿香檳。假設最上層的酒杯是自己、第二層為家人、第三層為朋友或認識的人。若是你的話，會從哪一層開始倒香檳呢？

位於最上層，代表自我的酒杯若未被注滿時，終究無法完成這座香檳塔。位於最上層的自己獲得滿足時，就不會有犧牲自我的情況發生，才有心力為身邊珍愛之人帶來幸福。你若歡笑，孩子也會覺得開心。

父母親的**首要之務就是取悅自己**。這點比任何事還重要。

01

堅持到底的孩子之父母親，會懂得先取悅自己！

02

堅持到底的孩子「總覺得自己能做到」，容易放棄的孩子「總覺得自己辦不到」。

「反正不可能」、「反正會輸」、「反正會失敗」。

「容易放棄的孩子」不管做什麼事，都會以「反正……」這句話來當墊背。遭遇失敗的想像盤踞在其腦海與心裡，結果就是乾脆什麼都不做。不，應該說是什麼都不敢做。這種心理拉鋸戰一再上演，就會令人難以突破心防進行挑戰。孩提時代的我便是如此。

無論再怎麼努力，都無法在我所熱愛的運動賽事中成為正式選手。也因為這樣，讓我無法產生只要下苦功就能有進步的自信。當人認為付出努力也不會有結果時，就無法往前跨出一步。這在心理學上被稱為**小象效應**（Baby Elephant Syndrome）。一旦當事人產生「辦不到！」的思維時，便無法產生挑戰的意願。

思想遠比事實更為強而有力。

這無關個人是否具有能力、聰不聰明，有時甚至毫無根據。**思想能造就一個人的自信，**

成為讓當事人往前踏出一步的動力。

「堅持到底的孩子」擁有**「沒來由的自信」**。他們總覺得自己有辦法做到，勇於不斷挑戰新事物。不會對失敗感到不安，具備總之先做再說的精神。做父母的有時看在眼裡會感到膽戰心驚，但這樣的孩子就算跌倒了也會立刻站起來，失敗也頂多只是造成輕微擦傷，具有強韌的心理素質。

要在社會上存活下來，沒來由的自信無比重要。

未來往往充斥著未曾體驗過的事物。若個人只對過往的成功事物有信心，能做的事將相當受限。在這個前景難以捉摸的時代，要隨時因應新的變化、發揮自身能力在社會生存，縱使面對未曾做過或不曾成功過的事物，也敢往前踏出一步，秉持「總覺得我似乎能做到！」的思維是至關重要的。

接下來要為讀者們介紹三則培養孩子產生沒來由自信的方法。

①無條件接受孩子的要求

例如「在我傷心難過時，爸媽確實聽我說話」、「在我遇到困難時，爸媽幫我解圍」、

「在我肚子餓了時，爸媽餵我吃飯」等等，讓孩子實際體會到父母親願意接納自身的需求是非常重要的。「受到呵護」、「有求必應」等經驗的累積，會成為扶持孩子心靈的支柱。令其產生**「無論發生什麼事都不用怕！」**的態度。

②無條件相信孩子的能力

父母親是孩子最親近的對象，因此相信孩子是很重要的。而且是無條件地相信。即使是以往未曾接觸過、未曾成功過的事物，只要孩子有心想嘗試，不出言干預靜候守護便是。就算明知會失敗亦然。將現在與過去分開來看，「這孩子肯努力，只要下定決心就能做到。即使現在還有待加強，但將來絕對會進步」給予全心的信賴。

這點其實很難做到。我也是這樣。對於一路拉拔孩子長大將一切看在眼裡的父母而言，往往能輕易預測到接下來可能發生的狀況。

正因為了然於心，為了避免孩子傷心，自己也感到失望，做父母的或許會在孩子嘗試之前便忍不住說出「反正也不會有好結果，之前不也是直接放棄了嗎」之類的言論。

然而，這其實是奪走孩子自信的頭號殺手。**無法獲得自身所信賴的雙親或老師的信任時，孩子就會變得無法相信自己**。

周遭的大人如何看待孩子、給予多大的信任，這些都是左右孩子建立自信的因素。

③累積根據

沒來由的自信固然重要，**累積小小的成功經驗，形成根據也很要緊**。當孩子習得新的能力，或者是稍微有點進步時，建議大家應立刻做出回應。像是「你學會三個新的國字耶，可見平常有認真寫作業喔」、「這回投籃成功的次數比上次比賽多了三次耶。上週苦練沒白費了」透過話語告訴孩子努力會帶來結果。

如此一來，「總覺得有辦法做到」的自信就會不斷茁壯。

02 堅持到底的孩子之父母親，會打從心底深信「只要努力就能做到」！

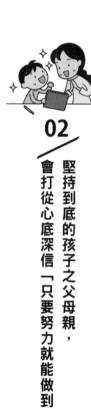

03 堅持到底的孩子欣然擁抱缺點，容易放棄的孩子只想隱藏缺點。

「隱瞞自身的失敗」、

「不想輸故意要奸招」、

「謊報考試分數」。

您的孩子是否有這樣的情形呢？

「容易放棄的孩子」會試圖隱瞞自身不擅長的事物或失誤。因為不想被他人得知、看見自身的缺點，因而選擇刻意掩飾、不肯認錯。相反的，當他們有好表現時，就會很高調地表示「看我看我～」。

不想挨罵、不想被討厭。想被讚美、想獲得認同。所以只想讓他人看見自己好的一面。想被認同、獲得好評是每個人皆具備的天生需求。然而，當這項需求的程度太過時，就會對問題視而不見、將過錯歸咎於他人，有時還會為了獲得稱讚而違反規則。此外，**當一個**

人無法接受自身的弱點時，無論經過多久都無法認同自己。如此一來就會對自己感到厭惡，與朋友之間也會產生衝突。自己若無法認同自己，就不可能打從心底認同對方。光是想獲得他人的認同就已經自顧不暇了，根本沒有認同他人的餘裕。

「堅持到底的孩子」**會欣然接受原本的自己**。失敗不會刻意掩飾、極力強調好的一面，而是原原本本地展現自我。做得不夠完美也不會在意。即便情況不如己意，也能從中學習，接著踏出下一步。

該怎麼做才能令人欣然擁抱自身的缺點呢？

那就是，**有人願意疼惜自己的這些缺點**。

在我剛開設課後班的時期，可能也在不自覺間暗自替學童們打分數。

確實做好我所要求的事項者就是好孩子，不聽話又被動的則是壞孩子。

我總是站在指導者的立場思考，認為「必須讓孩子們以正確自然的發音來學好英文」、「必須教導孩子們正確的運動姿勢」、「必須回應家長們的期待」，總之只著眼於具體可見的成果。

孩子們也受到影響，變得專挑絕對會成功的簡單事物挑戰，上課時漸漸不再舉手發問，也不會說出自己的意見。大家把獨立思考這件事放一邊，只顧著尋找在我腦海中的正確答案。因為這樣才能獲得稱讚、才能獲得認同。

所以我下定決心，**「在評量好壞之前，先接納孩子原本的樣子」**。人本來就有好的一面與壞的一面、有擅長與不擅長的事物。然而，有時自認為是弱點的部分也有可能成為強項。正因如此，我才告訴自己，首先就是接納孩子們的一切。

其實這也是我母親一直以來對我所展現的態度。

小學時被霸凌，沒有人願意跟我做朋友，活著這件事令我感到相當痛苦。但我之所以能撐到最後，都是因為有媽媽做我後盾的緣故。

「媽媽知道你真的很努力喔」、「有大輔在身邊，媽媽真的好開心」、「媽媽相信你一定會成大器，要好好用功喔」。

正是因為母親總是與我站在同一陣線，我才能強忍著去上學，還能保有一絲希望，勸自己「再試著多活一陣子」。

像我母親這樣的存在，心理學上稱之為「**安全堡壘**」。在任何時候都不會出言否定孩子，堅定地扮演守護者的角色。正因為擁有令自己感到安心的避風港，人才能確實面對缺點，破殼而出，朝著新事物邁出腳步。

無論父母親如何努力，都無法強迫孩子開花結果。父母親所能做的就是打造安心安全的土壤。

缺點並非缺陷，而是孩子獨一無二的個性，因此應該以信賴來取代擔憂。接著，只管耐心等待。如此一來，總有一天，孩子會在時機成熟時開出花來。

03 堅持到底的孩子之父母親，任何時候都會與孩子站在同一邊！

04

堅持到底的孩子期盼未來，容易放棄的孩子則不想長大。

「想永遠當小孩」。

某天在上課時我問學童們「想不想成為大人？」班上二十名孩子沒有任何人舉手表示願意。這樣的結果雖令我感到訝異，但我在孩提時代似乎也是這麼想的。當時的我對未來毫無夢想與希望，亦不曾想過自己想成為什麼樣的大人。讀者們年幼時曾對自身的未來抱持著何種想法呢？

「容易放棄的孩子」不想長大。因為長大後沒有特別想實現的目標，因而對此莫名感到不安。其實他們根本未曾深思過未來的藍圖，每天只是被動地完成被交付的事項而已。我接著問班上的孩子們「咦？為什麼？大家都不想成為大人嗎？」各種意見傾巢而出。

總結來說，「工作似乎很辛苦」與「沒自信」是最大的原因。當時，我便下定決心要扭轉這樣的情況。

希望孩子們能對長大這件事抱持著希望。希望孩子們能對工作這件事懷抱著夢想。因為這會成為活下去的原動力。若未來這條路只會愈走愈痛苦的話，無論是誰都不會想再往前進一步的。現在所學之物，能帶來美好的未來。現在所下的苦功，能讓自己達成理想目標、找到想做的工作。正因為有所期盼才能令人努力下去。即便面對不想做的事也能產生挑戰的意願，不會中途放棄，而能堅持到最後。

所以我認真思考，立志打造出讓孩子們「期待長大」的環境。至於具體做法，我則有三項提議。

①營造與專業人士交流互動的時間

「世上最好的教育，就是讓孩子親眼見到專精於某領域的大人工作時的樣子」。

此言出自麥可・傑克森（Michael Jackson）。我在孩提時代幾乎不曾有過與大人接觸的機會。大人對當時的我而言就是「搭乘爆滿的電車一路搖到公司上班，為了家人忍耐地做著自己不想做的工作」。因為電視劇都是這麼演的。

然而，長大後我才發現，所謂的專業人士，在工作時皆顯得十分樂在其中。為了實現理想目標，與夥伴們分工合作，歷經失敗並反覆嘗試，推出最好的服務，因而受到眾人的喜愛與感謝，每天都充滿喜悅。我這才明白，在自己所生活的城市裡，對自身的工作與生活哲學感到驕傲的大人其實比比皆是。

因此我才會提倡，**提供機會讓孩子能親自接觸眼裡閃耀著炙熱光芒的大人們**。最簡單又值得推薦的方法就是參加當地所舉辦的活動、在傳統商店街購物等等。**與懷抱著夢想每天全力以赴的大人進行交流，能成為幫助孩子找到自身未來的契機**。

②增加讓孩子自行做決定的機會

對於莫名對將來感到不安的孩子，**多提供讓他們自行做決定的機會是很重要的**。讓孩子能有更多的機會為自己作主，而不是大小事都由父母來決定或立刻伸出援手。當孩子詢問「該怎麼做才好？」時，在說出意見之前，不妨反問「你怎麼想？」聽完孩子的意見後，若覺得有必要補充時，再將這些分享內容當成供孩子參考的資訊。必須秉持著孩子才是最終決定者的態度。當孩子感受到父母親很重視自己的想法時，自我肯定感也會隨之提升，「無須借助他人之力而能自己做到」的成就感，會成為促使孩子往不可知的未來邁出腳步的力量。首先，就從「今天要穿什麼衣服？」之類的日常小事開始訓練孩子自行拿主意。

③父母親每天都過得神采奕奕

對孩子而言，最親近的大人就是父母。當父母親快樂地工作、快樂地操持家務與育兒、快樂地過生活時，孩子就會覺得「當大人好像挺不錯的」。若期盼孩子能有所成長，那麼家長們就應該**思考該如何讓自己的人生變得愉快美好**。哪怕是小事也好，不妨先從找出自身想做的事著手。我們每天的生活方式會比我們所說的話，更能對孩子的心靈產生影響。有想做的事無須忍耐，父母親更應該活出自己的人生。

04

堅持到底的孩子之父母親，會讓孩子看到大人愉快生活的態度！

05 堅持到底的孩子由自己作主，容易放棄的孩子由父母作主。

「『自己作主』這件事會比所得與學歷更能提升幸福感」。

2018年，神戶大學針對兩萬名對象進行問卷調查，最後得到上述的結果。就算滿足了父母的期待，考上好大學，進入好公司任職，若這一切皆不是孩子本身所做的決定，便很有可能不會令其感到幸福。

提升自我決策力能讓孩子對決定著手的事物負起責任，堅持到最後。無須父母指揮、緊迫盯人，懂得自主思考採取行動。自己作主決定的事，即便結果不如預期，也不會輕言放棄。反而能令人思考該怎麼做才能成功，從錯誤中反覆嘗試找出解答。

即使事情的發展並不符合父母的期待，但孩子深思後為自己所做的決定，才是左右其人生幸福感的關鍵。

本篇要為讀者們介紹三則提升「自我決策力」的方法。

①不干預、不下指導棋、不告知答案

此乃基本三原則。不插手干預孩子感興趣想嘗試的事物。即便認為孩子會失敗，亦秉持著靜觀守候的態度。明知「怎麼做會比較順利」也應忍住不說。**這樣孩子才能自主思考，從失敗的經驗中學習**。

②詢問孩子做出選擇的理由

像從前的我這樣「容易放棄的孩子」，很容易受到周遭其他人的影響，而懵懵懂懂地順應情勢做出選擇。有鑑於此，平時便應該積極地詢問孩子做出選擇的理由，像是「為何你會這麼想呢？」、「為什麼會覺得那個比較好呢？」。在此過程中，**不否定孩子的意見**則為重點所在。當孩子感受到自身的想法並不被大人所接納時，就不願意再動腦思考，變得只會等待大人給答案。因此，即便孩子所說的理由不合邏輯，也請先接納其意見。

讓孩子確實思考後，家長們便可用詢問的方式表達自己的意見，像是「我覺得，做了○○之後，就能達到○○的目標，你覺得如何呢？」如此一來，孩子又必須開始「腦力激盪」，相信應該能做出更有深度的回答。當然，最後還是要交由孩子來做決定。

若孩子被詢問理由後表示「我也不太清楚」，或是皺眉苦思不知如何回答時，也請耐心地幫忙解圍：「像這樣好好思考是很重要的，不必硬擠出答案也沒關係喔」，以免孩子因為回答不出來而失去自信。

③ 提供其他選項

若孩子本身認為「考上想讀的國中才是令自己幸福的唯一方法」，這樣其實不算是自力做出選擇。**自力從多種選項中進行取捨的經驗，能培養自我決策力**。也就是說，父母親的任務**不是替孩子做決定，而是為其提供選項**。以考國中為例，不妨為孩子分析考國中的優勢與劣勢，再請孩子做選擇。

〈例〉選擇考國中

優勢：考上後就不必再考高中

考上後可以跟成績優秀的孩子們一起學習

能選擇適合自己的學校　等等

劣勢：沒時間跟同學玩樂

可能必須放棄學習某些才藝

不確定能不能考上　等等

分析時盡可能不要夾雜身為父母的期待，避免提出「誘導式說明」（孩子會感受到父母親話語之間的期待），僅就事實為孩子進行分析才是重點所在。

無論孩子如何選擇，皆請尊重其所做的決定。

05／堅持到底的孩子之父母親，會提供各種選項，交由孩子做決定！

06

堅持到底的孩子與自己比較，容易放棄的孩子與他人比較。

「○○小朋友很踴躍舉手發表，反觀我家孩子……」、「聽說○○同學考上了頂尖的私立國中耶」、「○○同學前一陣子得到舞蹈比賽冠軍耶」。

您是否會忍不住拿其他人與自己的孩子做比較呢？

明知不該讓孩子感到有壓力，仍舊控制不了比較的念頭。明明自家孩子有很多優點，卻只注意到表現欠佳的部分。

這會讓父母親感到不安，憂心忡忡地認為「或許是我的教育方法不好」，焦急地想辦法改善，從而變得情緒化「這之前不是教過了嗎！要說幾遍才懂啊！」夜深人靜時看著孩子的睡容才頓覺後悔，陷入自我厭惡的情緒裡。

當父母親拿孩子與其他人比較時，孩子也會有樣學樣。

「容易放棄的孩子」會藉由與他人比較來評價自己。「我是第一名，我好厲害」、「我的分數比〇〇同學的還高，我好強」。

誠然，贏過別人是很開心的事，我也明白優越感會令人感到愉悅。

只不過，能否贏過對方並非自己所能掌控的事。有時記再多的生字、進行再多的訓練，國語小考還是比同學考得差、競賽時還是敗下陣來。

當努力無法獲得結果的狀態持續發生時，就會令人感到「反正努力也沒用」而乾脆放棄。這在心理學上稱為**習得性無助（learned helplessness）**，當人陷入這樣的狀態時，便會失去挑戰新事物的意願，不願再付出努力。

欲培養出堅持到底的毅力，**戒掉「與他人比較」的壞習慣，養成「與自己比較」的習慣**是相當重要的。

具體來說，該如何與孩子進行這方面的互動才好呢。接下來要為大家介紹三個方法。

①不拿孩子與他人比較

父母親之所以會拿他人與孩子比較，或許起因於「**孩子的表現＝父母的價值**」這項觀念。教出大家覺得優秀的小孩，就等於拿到亮眼的成績單。如此一來，不但家長辛勞，孩子也會備感辛苦。諷刺的是，愈是追求盡善盡美，**試圖掌控孩子的大小事，愈會導致孩子失去幹勁與自信**。

為人父母的價值與孩子的表現完全是兩碼子事。孩子的成績如何、做出哪些行為，都與父母的價值毫無關係。請確實地將這兩件事分開來看。再者，請將教養孩子的心力與時間，稍微挪用一些到自己喜歡的事物上。也就是懂得適時地取悅自己。**與教養責任稍微保持距離，便能不流於情緒化地與孩子互動相處**。

②找出孩子表現良好的部分

每天找出孩子表現良好的三件事，並與其分享。重點在於「與孩子的過去相比較」以及「稱讚孩子所做的準備與努力過程」。不是光看輸給誰贏了誰的結果，而是將焦點放在孩子自身所能掌控的事項上。

「雖然比賽輸了，但你比上次得了更多分呢」、

「你會縫鈕扣了耶」、

「跟之前比起來，你能早十分鐘自己起床耶」、

「你今天也流了很多汗，可見很努力喔」。

③設定過程目標

設定目標時，不光只聚焦於「贏得比賽」、「考一百分」、「通過考試」等結果目標，**設定能透過自身掌控的過程目標**也很重要，例如「一天記十個國字」、「在吃晚餐前寫完功課」、「練習完後，再成功投籃十次」等等。在孩子設定結果目標時，請加以詢問「你能做些什麼來達成這個目標呢？」協助其找到過程目標。

不消說，在孩子達成目標時，請記得充滿愛地為他們畫上記號以資鼓勵。

06 堅持到底的孩子之父母親，每天會告訴孩子三個表現良好的地方！

07

堅持到底的孩子會將內心的聲音當成加速器，容易放棄的孩子則當成剎車器。

「反正到最後還是會失敗」。

「容易放棄的孩子」**腦海裡總是被負面聲音支配**。諸如「一點都不有趣」、「累到不行」、「不想做了」、「有夠麻煩的」、「這麼難哪有可能辦到」等等，有時這些想法會實際脫口而出，有時只是想在心裡碎碎念。

「容易放棄的孩子」之所以無法堅持到最後，腦海裡的聲音其實帶來很大的影響。

「就跟你說吧，不管做幾次都沒用！」、「還是別嘗試了吧，畢竟你沒這種本事呀！」像這樣，腦海裡的聲音會成為牽制自我的剎車器，令人不願再挑戰新事物或是中途便索性放棄。

若一個人一天對自己說出幾萬次「反正不可能」、「我總是搞砸」、「大家討厭我」之類的否定言論，進而相信「自己就是個無用之人」也一點都不奇怪。當腦如此相信時，「做不到的理由」就會大量空降在眼前形成銅牆鐵壁，令人無法往前踏出腳步。

這種內心的聲音在心理學上被稱為**自我對話（self talk）**。

本篇要為讀者們介紹，將孩子的言論扭轉為正面想法的自我對話實踐法。

步驟1　接納孩子的負面情緒

首先請聆聽孩子的感受。雙眼注視著孩子，時而點頭，時而給予簡短的回應「你一定很難過」、「我知道你想做好」、「你一定很失望」，將孩子的感受說出來。如此一來，孩子心裡的疙瘩能獲得整理，情緒也會隨之穩定下來。

總之，首先應展現出不否定孩子的負面情緒，全盤予以接納的態度。

步驟2　找出孩子真正期望的事物

待孩子的情緒穩定下來後，再詢問「你真正想要的是什麼樣的結果？」、「你覺得什麼情況最好？」引導孩子說出內心所期望的理想狀態。

〈例〉想贏得比賽　等等

另一項重點為，選擇在彼此情緒放鬆能說出真心話的環境進行，像是洗澡時或開車接送的過程中等等。

步驟3　營造正面積極的自我對話

幫助孩子想像真正期望的結果發生時的情境。就好比記者進行採訪般，詢問孩子理想狀態成真時的「心情」、「行為」、「感想」。

以步驟2所舉的例子來說，詢問孩子「想像一下贏得比賽後，會是什麼樣的心情？你會做什麼事？說出什麼感想？」讓孩子明確地進行想像，彷彿夢想已實現般地歷歷在目。

如此一來，內心的容器就會被正向情緒所填滿，令人湧現前進的動力。

接著，最後再問孩子。

「為了實現這個心願，什麼才是最重要的事？」

〈例〉為了贏得比賽，努力很重要

像這樣能以平鋪直敘的方式來表達便已足夠，不過若家長能幫忙將此情境代換成相關的慣用語或格言，更有助於聯想，效果會更好。

〈例〉努力會有回報、失敗為成功之母、聚沙成塔

請孩子將完成後的自我對話寫在紙上，並張貼於書桌前或看得見的地方以免忘記。當孩子遇到挫折時，請鼓勵他們在腦海中（唸出聲也ＯＫ）把這些話當成咒語般默念十次。告訴孩子**「這些話是魔法咒語喔。在你覺得很受挫快撐不下去時，記得想起它們喔」**。在孩子面臨不如意的狀況，需要加油打氣時，適時地以這些話給予鼓勵會更有效果。

07

堅持到底的孩子之父母親，會透過話語解釋孩子心裡的疙瘩！

08

堅持到底的孩子面對眼前的點心懂得忍耐，容易放棄的孩子則是先吃再說。

「我家孩子明明一直想要某個玩具，但只要一拿到零用錢就立刻跑去買零食，完全存不了錢。」

某位家長曾如此告訴我。

當時只覺莞爾一笑，不過控制自身慾望與衝動的**「忍耐力（自制力）」**，會大幅左右個人貫徹落實目標的毅力。

只不過，大家可別誤解，**「堅持到底的孩子」並不等於「忍耐力強的孩子」**。

以我班上「堅持到底」的學童們為例，面對沒有意願的事物時他們會直言「不想做！」，不會對感興趣的事物刻意忍耐，而是全面解放躍躍欲試的情緒，全神貫注地投入其中。

「堅持到底的孩子」並非凡事都能忍耐，而是為了做真正感興趣的事，先忍著不吃「眼前的點心」。由此可知，基本上強迫孩子做他們不想做的事，要求「你得忍耐！」只會收到反效果。

那麼，該如何才能培育「忍耐力」令孩子實現其真正想做的事呢？

請看接下來所解說的培育「忍耐力」之三大重點。

①不逼孩子忍耐

相較於逼孩子忍耐，**大量實現孩子的「心願」更為重要**。「想玩玩具」、「想盪鞦韆」、「想找人說話」像是這類的小事也無所謂，盡可能大量滿足孩子的需求。**當孩子的願望不斷獲得實現時，就能從中找出自己真正喜好的事物**。

「堅持到底的孩子」為了實現真正想做的事，面對不想做的事也有辦法努力。

然而，若眼前這件不想做的事並不會帶來任何效益時，他們便不會主動參與。因為有想追求的事物，才甘於忍受嚴格的訓練。因此，**找到喜歡或傾心的事物，就是提升忍耐力的最佳捷徑**。

找出想做的事或喜愛事物的方法，會於第4章進行詳細解說。請先記住，勿逼孩子忍耐，盡可能為其實現「願望」。

②信守與孩子所做的約定

確實做到答應孩子的事，例如履行「明天就買給你」之類的承諾是很重要的。願望得以實現或承諾獲得履行的經驗較多的孩子，會知道當前的忍耐能換來渴望的事物。以開頭的話題為例，具備此思維時就不會被當下的零食沖昏頭，而能努力存錢購入心心念念的玩具。

③從日常小事中讓孩子體驗成就感

請讓孩子大量累積「努力完成某件事」的成就感。這些日常成就感的累積，有助於孩子養成「現在忍耐一下好好努力，一定能換來更棒的結果」的這種觀念。面對苦差事，也能靠著正向思考轉換為「樂在其中」模式而加以努力。

比方說，孩子的目標為「通過漢字檢定考」。起初，家長們可以先從「看你能不能在五分鐘內寫出十個漢字？」的短時間訓練方式，讓孩子挑戰簡單的任務。

接著再從孩子學習過程中找出許多值得褒獎或有所成長的部分，給予稱讚，像是「你很努力喔」、「已經學會很多字了呢」。

08 堅持到底的孩子之父母親，不會強迫孩子忍耐想做的事！

當孩子平時的需求獲得滿足時，便有辦法忍耐眼前的苦。

這項觀點乍見之下似乎有所矛盾，不過，**面對孩子感興趣的事物，不要求他們忍耐才有助於培養忍耐力。**

09

堅持到底的孩子會找出解決問題的手段，容易放棄的孩子則是立刻找藉口開脫。

國中時代，做什麼都不順利因而失去自信的我，為了保護自己而想出了一個好方法。那就是找盡各種「藉口」。

「是對手太強才會輸」、

「老師的教法不好才害我答錯」、

「因為帶傷上陣才無法發揮實力」。

當結果不理想時，我總是立刻搬出「藉口」，歸咎於周遭其他人或環境問題。內心對自己喊話千百次「怎麼可能是我不好。根本不是我的錯」。長久下來，甚至令我不再認真以對，全力以赴。這樣我才能獲得「又沒認真投入，怎可能會進步」的最強「藉口」。

這麼做雖能保住自信，但是在這種想法影響下，根本不會有所成長。到最後，我總推託「這不適合我」，羅列新的「藉口」，不管做什麼都中途就放手。記得當時就是反覆上演這樣的戲碼。

如同從前的我那般，「容易放棄的孩子」會為了保護自己而找藉口。諸如「老師出太多作業害我沒時間練習」、「同學說很想打電動，所以我才跟著打」等等，強調一切並非一己之過。

我明白家長聽到這番說詞時的惱火心情，但懇請大家原諒這樣的孩子。畢竟對這樣的孩子而言，找藉口是保護自己的唯一方法。

當有問題發生時，希望讀者們能以**解決問題型**的方式來與孩子溝通，而非以**追究原因型**的方式相逼。

追究原因型指的是，追問「為什麼？」、「怎麼會這樣？」來找出事情發生原因的手法。此方式會讓孩子覺得被責怪，急於逃避責任而編藉口或說謊保身。

解決問題型則是詢問「該怎麼做才能順利解決呢？」、「你想怎麼做？」藉此找出解決對策的手法。此方式不會讓孩子感到被責罵，而能靜下心來思考後續狀況。

接下來將以三項步驟來為讀者們解說具體應對方式。

步驟1　詢問狀況

當問題發生時，請冷靜地詢問孩子「怎麼了？」、「發生什麼事？」按捺住想責備孩子的情緒，心平氣和地提出疑問乃重點所在。當家人情緒過於激動時，孩子為避免內心受傷，就會想找藉口搪塞。如此一來便無助於解決問題。

步驟2　接納孩子所說的藉口

即便聽到孩子說出「因為弟弟先動手，我才跟他打起來」的藉口，也先別否定這番話，以接納的態度表示「所以是弟弟先動手，你才打他對吧」。接著在心裡分析「可能是因為不爽弟弟動粗才這樣吧」**理解孩子動手不動口行為背後的情緒**是很重要的。這麼做，便能保護孩子的自我肯定感。

步驟3　詢問孩子解決對策

來到此階段，正式進入主題，詢問孩子未來的解決方案「該怎麼做你們才不會再打架

呢？」有時孩子的回答可能是請身邊的人做出行動，像是「弟弟不要亂打我，我就不會打他」、「媽媽妳去罵弟弟不就好了」等等，因此不妨用「以後為了不要跟弟弟打起來，你覺得自己可以做些什麼呢？」的問法，將焦點放在孩子本身所能採取的行動上。

當孩子想出方法，提出「就算弟弟打我，也先跟他好好說一下」的主張時，做出正面回應「謝謝你說出意見，感覺應該有辦法做到？」藉此確認孩子的感受，並給予鼓勵「那就試試看吧。媽媽相信你可以的」。

當孩子確實遵守了這項約定時，請打鐵趁熱地把握機會，立刻誇獎一番。如此一來，孩子便會養成思考解決對策的習慣，而非學會找藉口。

09 堅持到底的孩子之父母親，不會否定孩子的藉口！

第 2 章

生活習慣 篇

10 堅持到底的孩子會在傳統商店街購物，容易放棄的孩子則在商業設施購物。

週末全家一起逛購物中心進行採買，是否已成為你們家的例行公事呢？購物中心有許多大人小孩都喜歡的店家進駐，的確方便好逛。不過，本篇要大聲向讀者們推薦的則是在傳統商店街購物。傳統商店街是一大學習寶庫，**能接觸到許多在地人**。這些交流互動能成為促進孩子思考自身未來的契機。

我在孩提時代幾乎沒有與大人接觸的機會。與鄰居也只是點頭打招呼程度的交情。親近的大人只有爸爸媽媽，以及才藝教室的老師而已。因此我根本無從想像自己想成為什麼樣的大人。

其實我一直以為只要考上知名大學的附屬中學，就能在好公司上班，壓根沒想過將來會如何。滿腦子只有考國中這件事。

直到出社會後，我才首次思考自己想要什麼樣的人生。光要找到自己想做的事便花了五年的時間。我常想，如果能在更早的階段接觸到更多的大人，藉機思考未來的話，或許出社會後不至於如此迷惘。

傳統商店街是許多**與在地緊密連結的大人們**的生活據點。在我的故鄉和歌山，商店街周邊除了有傳承自江戶時代的茶葉專賣店等代代相傳的店家外，還有主打嚴選來自日本各地美味水果的蔬果店，以及提供各國旅客與當地居民交流場所的青年旅館，甚至還有年輕世代所開設的潮店等等。

這些店家共通的特色就是，大家都很熱愛這個地區，對自己的店感到驕傲。傳統商店街的店家不會想著「只要自己有錢賺就好」，而會積極舉辦活動來帶動商店街買氣，滿懷熱情地為整體地區的活化出一份力。

所以我很鼓勵孩子與如此積極有作為的大人們互動交流。藉由接觸各種類型的大人，近距離觀察「勞動」這件事，**有助於孩子發現自己想做的工作，勾勒出自己想成為何種大人的藍圖**。目睹大人們愉快工作的身影，相信孩子也能學習到勞動的喜悅。

如此孩子便能對長大這件事懷抱著期望。

此外，或許孩子還能因此在學校與住家之外，另闢一方新天地也說不定。

我以前也常利用上補習班前的這段時間，跟同學一起去商店街的柑仔店閒晃。店裡同時也聚集了許多別校的學生，大家會湊在這裡玩玩具、玩遊戲卡、吃吃迷你杯麵，儼然成為孩子們消磨時間的祕密基地。顧店的阿嬤也很有人情味，總是笑臉迎人，看到我便說「大輔，你放學啦！今天有沒有什麼開心的事啊？」在我與同學吵架時願意聽我傾訴、有時會送我零食、在店內跑來跑去撞壞椅子時則狠狠地罵了我一頓。

像這樣，在**學校與住家以外的第三空間（Third Space，容身處）能成為孩子的安全堡壘**。既是避風港，也是交誼的好所在。

承前所述，在傳統商店街購物，有助於孩子找到自己的榜樣，並成為令其感到安心放鬆的空間。

正因如此才建議大家偶爾不妨在傳統商店街進行採買看看。此時請試著積極地與店內人員對話，像是「今天推薦什麼魚呢？」、「這個大白菜做成什麼料理最好吃？」等等。

另外，當孩子升上高年級後，請他們幫忙跑腿也是不錯的做法。

「給你一千日圓去買四人份的咖哩食材。至於需要買什麼則請你問店員喔。」不妨像這樣給孩子出任務。既能鍛鍊思考力，也能讓孩子練習計算費用。

許多傳統商店街都會舉辦活動或慶典，親子一同擔任志工來參與活動也是不錯的選擇。辦活動需要藉助許多專業人士的力量。舉凡製作文宣的平面設計師、負責架設音響的師傅、舞台主持人、攤販等等。無疑是讓孩子接觸到在地專業人士的絕佳機會。

學校只不過是狹小世界的一小角罷了。**即便在學校的表現不甚活躍，來到外面必定會有能讓自己大放異彩的領域**。就算在學校被討厭，孩子也能樂觀地相信在這世界的某地方一定有願意接納自己的人存在。因為世上有多少人就有多少天地。

飛奔出教室往外玩耍去吧。嶄新的世界正等著迎接孩子們。

10 堅持到底的孩子之父母親，會在學校與家裡以外的地方為孩子提供安身之處！

11 堅持到底的孩子從遊戲中學習，容易放棄的孩子從課程中學習。

現今的孩子往往比大人還忙碌。在我班上的學生中，甚至有人一口氣學了九項才藝。「要培養孩子的英文能力」、「也有必要學程式設計」、「學鋼琴有助於腦部發育……」為了孩子將來的出路著想，使其習得各種技能或許的確很重要。而家長總會暗自期待，大量學習才藝，說不定就能提升學業成績等具體可見的認知能力。

可是，這樣其實忽略了無法透過目視衡量的非認知能力。如同筆者在「序文」所述般，**非認知能力欠佳時，便無法順利地將才藝課所學的知識與能力，應用於學校與社會。**

話雖如此，學業成績以及各種技能也很重要。像是「寫得一手好字」、「會說英文」、「會跳舞」等，當孩子的能力高於其他人時，在學校獲得讚美與認同的機會就會變多，自我效能感也會隨之提升，產生「我做得到」的信心。

「該從幾歲開始學英文呢？」

由於開設英文補習班的緣故，經常有家長問我這個問題。而我總是固定回答「從幾歲開始都可以喔」，接著補充，**當孩子想學時就是最好的時機**。

實際上，我個人也是從二十五歲才開始認真學英文，儘管花了五年的時間才學會，之後順利前往美國的大學研究所留學，在當地也沒因為語言隔閡而闖禍，累積了許多實習經驗後順利畢業。雖然日本同學總笑我一口日式英文，不過美國同學則欣然接納，覺得這是我的個人特色。只要有心想表達，縱使是隻字片語也能溝通。所以，我才認為，**想學時再學就好、有需要時再學就好**。

我明白家長們想為孩子的未來提供更多選項的心情，然而，唯有孩子主動做出選擇，積極學習，才能養成相關能力。

當孩子處於被強迫學習的狀態時，反而會感到抗拒而覺得討厭。大考結束後就不再用功學習的學生之所以會這麼多，正是因為他們將念書視為上大學的手段，出於不得已才用功的緣故。

若非自己喜歡而作主決定的事物，就無法令人學到東西，也無法持續下去。因此，**讓孩**

子學習自己現在想學的才藝才是最重要的。

「堅持到底的孩子」除了透過才藝學習吸收新知外，還會從同儕之間的遊玩中，產生創意發想。

「我想出了捉迷藏的進化版，來玩玩看吧！」、「只能用單腳跳的方式走到學校看看！」、「要不要一起用這些珠子做成飾品？」他們會利用零碎時間與同學互相討論，想出各種遊戲。

試想該怎麼做才能變得更好玩，大家一起集思廣益。有時可能會吵架，有時遊戲可能不如預期般地有趣。然而，這種活動身心，全神貫注的經驗，能讓孩子培養出「思考力」、「協調力」、「創造力」等非認知能力，**有助於全心投入的學習基礎也會逐漸成形**。

我認為，對三~十二歲的兒童來說，**「全心投入的經驗」**是無比重要的。而且不限任何事物。將棋也好、英文也罷、鋼琴也行、游泳也不錯，當然捉迷藏也可以。

在同時學習多項才藝的情況下，若孩子顯得神采奕奕，積極熱衷地學習時，就沒有任何問題。反之，若孩子總是一臉倦容，缺乏幹勁，顯現出毫無意願只是被迫學習的狀態時，不妨重新檢討一下才藝課程的安排。

令孩子全心投入的關鍵就在於寬鬆的行程安排。像是「**不會被任何人評頭論足的時間**」、「**能根據自身意思自由活動的時間**」、「**什麼都不用做的耍廢時間**」。讀者們不妨逐步為孩子多留點這樣的時間。為其送上名為發呆放空時間的禮物。

11

堅持到底的孩子之父母親，很重視孩子能全心投入的時間！

12

堅持到底的孩子會沿途順道逛逛，容易放棄的孩子只想抄近路。

「究竟是要拖到何時啊！還不快點做完！」、「不是往那裡！是這裡！」。

讀者們是否曾對我行我素講不聽的孩子感到煩躁呢？

沉迷於某件事時，就會對其他聲音充耳不聞。來到沒去過的地方時，總是一個勁地往前衝然後迷路。沒辦法乖乖坐在椅子上念書。總是無法完成被交代的事物。沒錯，就是在說我。不管在哪裡都會被大人教訓：你給我安分點。

做好應做到的事、靜下心來學習是很重要的。現代社會尤其講究工作效率。因此，大人也在無形中傾向排除無謂的事物，追求「更快、更多」成為基本生活模式。

嚴禁順道亂逛。無論如何都得想辦法找到捷徑。這樣的社會對我而言，實在太有壓迫感，非常痛苦。

這樣的狀態連大人都覺得艱辛，硬要把同一套做法加諸在孩子身上，真的妥當嗎？孩子也會因此身心俱疲，整個人被掏空。

真的有必要跑很快嗎？

我不這麼認為。跑得快固然是很寶貴的能力，但能從跑步這件事中找出樂趣的洞察力也很寶貴。找到捷徑誠然重要，得知世上有各式各樣的路徑也很重要。重要的事並非僅有一項。人生就是一趟旅程，但願孩子們**能體驗各種道路的風景，盡情享受人生**。畢竟兒童的人生才剛開始而已。

此外，沿途順道逛逛對於培養孩子堅持到底的毅力也十分有效。

受到「想嘗試看看」、「感覺很有趣」的好奇心驅使，從既定的路線往外跨出一步。翻開磚頭看看背面長怎樣、前往平時不常去的公園遊玩、初次造訪打擊場等等。

或許大人們會覺得「是要浪費多少時間在這些無謂的事物上啊」。

然而，走出固定的生活範圍，往往能帶來新發現。

「這個地方居然有很多潮蟲耶」、「盪鞦韆好好玩」、「棒球可能挺有趣的」或許會讓孩子因而找到喜歡或擅長的事物，也可能因此結交到新朋友。像這樣，**受到「想做做看」的念頭驅使的經驗，會成為孩子生活的原動力**。忘了時間經過，只是全心全意地投入。做這件事不是為了獲得稱讚，而是自己想做。這種從內心深處所湧現的熱情，能鍛鍊出不輕言放棄的毅力，培養出往前跨出一步的勇氣。

「得加快速度才行」、「必須照著計畫走」、「非得完美不可」。

父母親奉行這樣的主義時，會奪走孩子的好奇心，限縮其未來的可能性。看到孩子無法照著規劃走時，就會煩躁動肝火，因而陷入惡性循環。

擬定日常行程時請記得在時間上與心靈上保有餘裕，允許孩子沿途順道逛一逛。**不妨礙**、**不焦慮**、**不求結果**，這三項原則就是培養孩子好奇心的關鍵。

話雖如此，父母親也有自己的行程、生活與人生。若凡事都以孩子為中心思考時，生活難免大亂。例如帶孩子去公園讓他們玩到盡興，就會來不及做晚餐。父母親會先被搞得焦頭爛額。因此，若接下來有行程時，請在出門前先跟孩子約定「今天只能在公園玩一小時喔」

等等。**在尊重孩子情緒的同時，父母親亦不忍耐壓抑自身的情緒**，做到理性溝通是很重要的。當某一方必須犧牲時，彼此的關係就會走向破裂。因此，父母親無須刻意隱忍，記得尊重自己也尊重孩子。

「順路、岔路、繞遠路，通通都是路」。

這是人氣動漫「Smile光之美少女！」主角所說的名言。

孩子的才能與天分就隱藏在「想嘗試看看」的好奇心裡。偶爾走錯路也樂見其成，還請帶著笑容溫柔地予以守護。

12 堅持到底的孩子之父母親，會重視沿途順道逛逛這個過程！

13 堅持到底的孩子在家裡有負責的角色，容易放棄的孩子則不然。

「我有資格待在這裡」。

發揮一己之力幫助他人的實際體驗，能提升孩子的自我肯定感，進而產生「要再加把勁」的動力。

在我所開設的課後班，特別注重**賦予孩子「角色」這件事**。也就是Empower（賦予權力）。不光只是讓孩子執行大人所規劃的事物，與孩子一同製作，並將必須負起責任的職務交付給孩子擔任。因為我每個孩子都能希望**發揮自己擅長或喜歡的事物，大量累積幫助其他夥伴的經驗**。

以我們班上製作電影的活動為例。將擅長想點子的孩子任命為點子隊長，請其發想電影內容。將擅長彙整意見的孩子任命為發言人，請其引領大家說出意見。將喜歡跑步的孩子任命為跑步隊長，請其在電影中擔任跑步指導老師一角。

像這樣，我希望孩子們能體驗到，發揮各自擅長的事項，分工合作互相配合，共同完成一項作品的過程。「不是只有演主角的人最厲害、也不是只有在比賽得到致勝分的人才能獲得認同，每個角色都很棒。你是團隊不可或缺的人才。找出你所擅長的事項，堅持不懈，終究能獲得大家的感謝，將你視為團隊的一員。」

為了傳達上述的信念，我在三十歲時卸下上班族的身分，開始從事兒童教育工作。

請讀者們試著在家庭內賦予孩子任何「角色」。只要是孩子感興趣、覺得喜歡、擅長的事物，皆可進行指派。

只不過，若只是單方面地藉機將家中雜務丟給孩子處理，孩子也會感受到這樣的意圖，反而一點都無法產生效果。要讓孩子充滿幹勁地肩負起家庭「角色」，有三項祕訣。

①授予稱號

尤其是小學男生，**被授予稱號或頭銜**時會特別帶勁。像是「○○組長」、「○○隊長」、「○○將軍」、「○○部長」、「○○專家」、「○○高手」等等。相較於「以後摺衣服就交給你囉」，「〇〇你很會摺衣服，從今天起任命你擔任摺衣服部長。在我忙不過來的時候，如果你能摺衣服的話就太好了。你願意幫這個忙嗎？」像這樣，言詞誠懇說得孩子心癢癢時，就比較容易讓他們點頭答應。

②表達感謝

打從心底對孩子所幫忙做的事表示感謝，會讓孩子更加有動力。

表達感謝的範例說法如下。

「有你幫忙做〇〇，我很〇〇（當下的感受）。謝謝你喔。」

看見孩子主動處理某件事時，當下便立刻注視著孩子的眼睛，讓孩子能確實感受到你的真心感謝。

「在我很累的時候，有你幫忙摺衣服，真的好欣慰，謝謝你總是願意幫忙喔。」

③習慣化

即便比照①與②所解說的方式，偶爾將家事交給孩子來做，若家長抱持著「家事原則上是由媽媽爸爸來做」的觀念時，就不算是真正地賦予孩子在家庭中的「角色」。

我明白當孩子忙於課業或學習才藝、體育等活動時，會覺得不好開口要求他們做家事。若正值青春期，或孩子很愛頂嘴能言善道時，更是一個頭兩個大。然而，媽媽與爸爸其實也一樣忙碌。**而且家事是全家人應該做的事**。從小事開始，像是自己盛飯或舀味噌湯、開飯前排好大家的碗筷、自己的衣物自己疊好等等，從孩子覺得幫忙很有趣的低年級時期，就確實教導他們「家事是全家人的事」的觀念，逐漸將孩子能處理的部分交給他們負責。

大人願意交付任務，會讓孩子覺得「獲得信任」，自我肯定感也會隨之變高。

即便成果並不如預期般地完美，首先還是對孩子所付出的勞力表達感謝。之後，若有必要時，就可以向孩子提議「不妨試著這麼做，如何？」

13

堅持到底的孩子之父母親，會將孩子擅長的事項交給他們處理！

14 堅持到底的孩子會思考規定的意義，容易放棄的孩子會不加多想地遵守規定。

先問讀者們一個問題，什麼才是所謂的「好孩子」？

乖乖聽父母之言的孩子、不發牢騷遵守規則的孩子、主動做好大人要求事項的孩子。像這類型的小孩，往往會被世人認定為「好孩子」。人人稱讚、人人疼惜、人人喜愛。

然而，愈是所謂的「好孩子」，愈有可能無法堅持到最後完成目標，抑或缺乏責任感。

為什麼會這樣呢？**因為這類型的孩子並未動腦理解規定的意義**。他們認為大人所言都是對的，所以理應乖乖遵從不反抗，完全未曾自主思考過這件事。

在開始著手之前便已呈現放棄狀態「反正我就是做不來」，也不知道做這件事出自何理由，因此無從產生幹勁。即便被叮囑「快寫作業」，但若孩子不明白「究竟是為了什麼目的寫作業」時，便無法全心投入，在不情不願的狀態下就無法從中學到東西。做得不順利時，就會怪罪他人，乾脆棄之不顧。孩提時代的我一直都是這樣。對周遭大人所說的話絲毫不曾懷疑，只是認分地告訴自己「沒辦法這就是規定」一日復一日。

自主思考自主決定的事，無論結果如何都會令人負起責任面對。懂得對自身的行為負起責任時，縱使遭遇艱難也有辦法忍耐。

而且，在今後的時代，即便遵守既定的規則也不保證一定能成功。正因如此，**不盲信規則，收集各種資訊，用自己的腦袋思考做出行動**才是最重要的。

「堅持到底的孩子」會動腦思考規定的意義。

這項規則是為了何種目的、為什麼必須遵守這項約定等等。遇到搞不懂或想不通的部分時，即使對象是大人，也敢提出問題表達自身的意見。當然，肯定也會遇到意見不被採納，或是如法律般無法透過一己之力改變的事物。他們會將此視為無可奈何的情況，說服自己接受並遵守規則。

不僅面對規定時如此，他們對於自身所決定的事或目前正在進行的事，都能用自己的方式確實說明意義與目的。

不是因為被誰交代才做，亦非懵懵懂懂地參與，一切都有明確的理由。即便遭遇失敗也能重新站起來，堅持到最後不放棄。

不是單方面地要求孩子遵守規定，**而是從平時便主動向孩子說明規則的目的，促使其思考規定是為了何種目的而存在**。

「為什麼不可以在走廊奔跑？」、「如果沒有交通號誌的話，會變怎樣？」、「為何要將博愛座讓給高齡長者呢？」、「為什麼買東西時必須付錢呢？」

諸如此類的日常小事也無所謂。禁止孩子說出「這就是規定啊」、「就是覺得不可以」、「會被大人罵」之類的答案。讓孩子不慌不忙地確實動腦思考一番。

由於孩子的生活經驗不多，即便說明「（針對博愛座問題）高齡長者的體力會變得比較弱，你還年輕有活力，所以應該讓坐」或許也無法使其確實理解內容，不過這倒也不打緊。日後當孩子本身體驗到該情況時，就會將家長所教導的內容與實際體驗連結起來，形成新的想法。若將來某天孩子因為骨折必須拄拐杖上下學，在公車上遇到有人願意讓坐時，就會透過自身的體驗來理解博愛座的意義。

能切身體會到主動幫助需要關懷的人有多重要。

切勿再以「不行就是不行」、「小孩子就是不可以」、「這就是規定」等理由，強迫孩子配合。

此外，時常聽到父母對孩子說「不可以給別人添麻煩」這句話，但具體說明內容，像是「圖書館是大家看書的地方，所以要保持安靜喔」會比較容易促使孩子做出正確的行為。

14 堅持到底的孩子之父母親，會讓孩子思考規定的意義！

15

堅持到底的孩子會自行製造樂趣，容易放棄的孩子則用錢買樂趣。

「該怎麼做才能讓孩子們覺得有趣？」

這是自我創辦學院以來所不斷思考的事。

上課時我總是仿效搞笑藝人明石家秋刀魚先生的風格，時而裝傻時而吐槽，用盡各種方式帶動上課氣氛。

學童們很吃這一套，紛紛要求「老師你再多說一點嘛～」聽得津津有味。除了收到家長的感謝外，客戶也隨之變多，還受到許多媒體的採訪。

明明算是發展得不錯，卻總是讓我產生有哪裡不太對勁的疑惑感。

直到學院成立三年左右後，我才終於釐清這份感受。

某天在開始上課時，我與學童們玩了包準能炒熱氣氛的經典遊戲。果不其然，孩子們玩得興高采烈，直嚷著「要再多玩一會」，不過我決定喊停，讓大家休息一下。我一臉滿足地步出教室，在休息室喝完茶放鬆休息後，準備回到教室上課，卻聽到從教室傳來的喧嘩聲。

我戰戰兢兢地接近教室門口，往內一探，才發現原來是孩子們正在玩捉迷藏。這不過是被鬼抓到就得當鬼，再普通不過的捉迷藏，但是大家看起來卻比剛才上課玩遊戲時更起勁。

更令我感到驚訝的是，個性怕生總是不敢參與課堂遊戲的女學童竟然滿場跑。露出我從未見過的表情，笑得一臉燦爛，忙著躲避鬼的追擊。

此時我終於察覺到一直以來那份說不出來的疑惑感究竟為何物。那就是，**我給的太多了**。我太過拚命想要讓孩子們感到有趣、開心，反而妨礙了他們想主動做出行動的好奇心。無形中為他們營造出什麼都不必做，自然會有人提供樂趣的環境。

這樣根本無法培養出生存能力。無法培育出獨立思考、與夥伴同心協力、從錯誤與嘗試中創造出新價值的各種能力。

從那天起，我**不再扮演「提供樂趣」的老師，決定化身為與孩子一同「製造樂趣」的領航員**。

我也為此規劃了全新課程，並命名為「城市裡的兒童實驗室」。在這個課程中我也是一名學員，與孩子們從零開始發想，分享彼此的點子來開發有趣的商品。

若我依然持續為孩子提供「樂趣」，他們就無法學習到如何透過自身的力量在社會生存下去。未來的競爭對手乃是ＡＩ與科技。必須懂得善用這些工具，透過自身的發想創造出人工智慧所無法做到的事物。為此，**只是單純消費有趣的事物已然不足，自行製造樂趣的能力更顯重要**。那麼，父母親該怎麼做才有助於孩子在這方面的發育呢。

其實很簡單。不要給太多就可以了。**正因為什麼都沒有，才會引發令人想變出點什麼的創造力**。給孩子玩具、遊戲機，帶他們出門旅行、提供許多有趣的體驗，當這些事物變得理所當然時，孩子就不會自己做出行動。不必非得帶孩子上迪士尼樂園，在公園、草地、甚至是家裡玩都可以。為孩子營造出不自己找樂子，就會很無聊的環境。家長無須拚命讓孩子感到有趣。孩子是否產生樂趣的責任並不在於父母，而在孩子本身。而百無聊賴的感受能催生出創造力。

當然，花錢買樂趣、讓孩子累積各種經驗為其將來提供更多選擇，對孩子的教育來說也很重要。然而，比這更要緊的是，不過度依賴他人所給予的「樂趣」，受到「想嘗試看看！」的念頭驅使，帶著好奇心忘我地投入，與夥伴們從錯誤中學習，反覆嘗試製造「樂趣」的經驗，會成為生存於今後時代的一大利器。

即使沒有遊樂園、即便因為重新分班而跟同學們分開，也能抱持著「**樂趣是靠自己創造！**」的心態。

在任何環境都能感到樂在其中，就是度過幸福人生的祕訣。

家長們大可不必擔心。就算什麼都不給，孩子也會自己找樂子的。

15 堅持到底的孩子之父母親，會與孩子一同製造「樂趣」！

16

堅持到底的孩子會說服大人買東西，容易放棄的孩子則鬧脾氣逼大人買東西。

「我不管我不管！我要吃餅乾啦～！買給我買給我！」

時常會在超市的零食區看到哭喊不休的孩子。

「不是說好今天不買零食嗎！別亂吵了！」說是這麼說，但孩子完全聽不進去，讓家長覺得很受不了。然而，這對父母親來說只不過是日常生活中的一小片段。在公園已玩到超過預定的時間，孩子卻耍賴「還想再多玩一下！」、煮好了飯菜，孩子卻任性地表示「人家想吃漢堡排！」

「容易放棄的孩子」會透過鬧脾氣的方式來滿足自身的願望。直到想要的東西到手為止，絕不離開半步。在地上打滾、亂踢椅子、放聲哭喊。

面對這樣的情況，家長應避免片面又高壓式的說教，確實溝通讓孩子能接受理由才是最重要的。具體方法則分成四個步驟來解說。

步驟1　事先約法三章

在與孩子一同行動前，**先行預測可能會發生的問題，彼此溝通來約法三章**。說出讓孩子能接受的理由則為重點所在。

（出門採買之前）「家裡還有很多點心，所以只能買一包喔」

（去公園玩之前）「我必須做晚餐給大家吃，所以五點一到就得回家喔」

（看電視之前）「太晚睡早上會爬不起來，所以只能看到八點喔」

步驟2　（未遵守約定時）先同理孩子的情緒

我明白家長看到孩子鬧脾氣的蠻橫模樣會想發火的心情，**但當要之務還是先讓孩子冷靜下來**。「你想要這個玩具對不對」、「你還想再多玩一會是吧」，透過敘述的方式來安撫孩子，共感其情緒。

若是在人來人往會被行注目禮的公共場所，不妨移動到比較能放鬆談話的場地。有時換個地方，孩子的情緒就會沉澱下來。

步驟3　透過我訊息（I message）的方式來訴說感受，重申約定

待孩子情緒穩定下來後，家長便可利用以**自身當主語的我訊息來表達心情與約定內容，「我們明明說好○○，所以我覺得很○○」**。

「我們出門前明明說好只能買一包餅乾，但你沒遵守這個約定，媽媽好難過喔」。

步驟4　請孩子說明理由（聆聽孩子的意見）

父母親表達完自身的想法後，接著請重新聆聽孩子的意見。就像聽取簡報那樣。在我班上訂有「想實現任何點子時，請提案」的規定。要召集夥伴共同推動某企劃，光靠「意願」是不夠的，這樣無法獲得任何人的協助。

以自己的方式確實說出想嘗試某件事的心意，讓夥伴們能產生共鳴覺得「讚」是很重要的。這在出了社會後亦然。

聽完孩子的說明後，坦率地陳述感受，再針對其所主張的「理由」以及「能為聽眾帶來何種好處」進行提問。這樣能促使孩子站在對方的立場進行更深入的思考。

理由：為什麼你會想到這個？有什麼理由嗎？

聽眾的好處：若照你說的做，那我（家長）會有什麼好處嗎？

在孩子尚未習慣這項做法前，往往會說出令人無法採納的意見，像是「因為班上的〇〇同學也有這樣東西」、「因為我很想要嘛」。也有孩子會因為自己的意見未被採納，而生悶氣鬧彆扭或者怒氣衝天。

然而，藉由這樣的經驗，孩子會開始思考**該怎麼表達才能令對方的理解，獲得周遭的認同**，一廂情願的任性主張也會逐漸減少。

若讀者們的孩子已經上小學，不妨試著制定「想要什麼東西或有什麼意見時，請提案說明」的規定。

16
堅持到底的孩子之父母親，會針對孩子想要的東西或想法請其提案說明！

17 堅持到底的孩子在出門前十分鐘已完成準備，容易放棄的孩子則是拖拉到最後一刻。

「還不快起床！」、「飯還沒吃完喔！」、「叫你去刷牙，是要說幾次才懂啊！」、「快點決定要穿什麼衣服啦~！」、「東西都帶齊了嗎？」、「快遲到了啦！」

用盡各種辦法催促孩子，但視線一離開，孩子又開始盯著電視發呆，永遠都是父母親在乾著急。非得狠狠罵個幾句「是要拖拖拉拉到何時！」孩子才終於肯動起來。結果每天上學前，還是得由父母親幫忙打理……。

自行立定計畫，歸納出應做事項，並且在規定的時間內完成，對於鍛鍊堅持到底的毅力是無比重要的。

本篇要為讀者們介紹，讓孩子能在上學前十分鐘完成早上各項準備的**白板作息表**活用法。

讓早上出門前的準備變得像遊戲般有趣時，就能讓孩子輕鬆養成自行打點準備的習慣。

然而，若只是買市售的記事板給孩子使用，只會流於三分鐘熱度而無法持之以恆。要善用這項方法是有訣竅的。

《準備物品》

- 白板
- 筆
- 雙面磁鐵片（可自由裁切大小，正反面顏色不同之物）
- 造型紙膠帶
- 機械式倒數計時器

《內容項目》

分成「早上」、「回家後」、「晚上」這三大區塊，將每個時段的應做事項與預估時間，寫在裁切好的磁鐵片正面。請與孩子討論相關內容進行製作。

磁鐵片背面則寫上「你做到了呢～！」、「今天的飯菜好吃嗎？」、「你今天也很棒呢！」等讚美之詞或各種訊息。

在每個區塊最上方寫下完成所有事項的終點時間。最下方的欄位則設為「獎勵時間」，詢問孩子在規定時間內完成任務時，想做什麼開心的事，並記錄於此。

直到孩子習慣這套做法之前，主動給予獎勵，像是「賞餅乾一塊」等也可以。

左圖為白板作息表的安排範例。

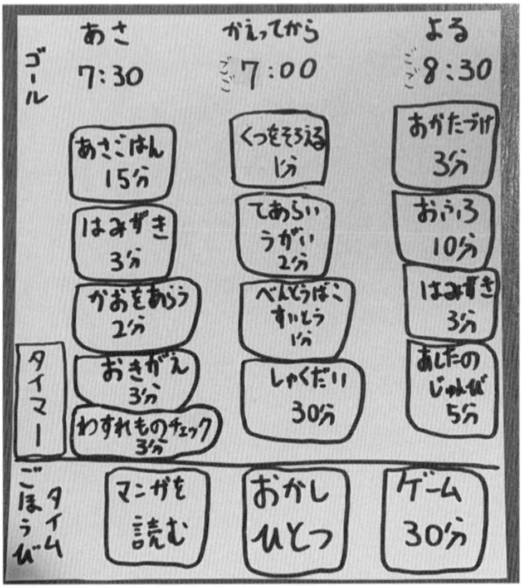

利用造型紙膠帶做裝飾，或畫上當紅的卡通人物，孩子進行起來也會覺得有趣。早上起床時，將孩子喜歡又能振奮精神的歌曲當成背景音樂播放，或許更能助其樂在其中地進行準備。

《使用方式》

①早上起床後確認白板內容。

②選好準備進行的事項後，以表定的預估時間來設定倒數計時器，開始行動。

③完成該項作業後，將磁鐵片翻面，確認接下來要做的事，並重複上述步驟。
④若在終點時間內完成時，則可獲得獎勵時間。
⑤在孩子睡前與其一同回顧今天的成果，對做到的部分表示認同，互相討論該怎麼做才能順利完成，擬定作戰策略。並於獎勵時間欄填寫孩子想做的事。

當孩子覺得早上起床後充滿樂趣時，自然就會願意早點就寢，自動自發地起床。

此外，應做事項與預計時間皆被「可視化」，成功做到時將磁鐵翻面就會呈現出不一樣的顏色，都能讓孩子體會到成就感。彷彿玩遊戲過關晉級般，孩子會興致高昂地進行早上出門前的準備，並立下「明天也要在規定時間內完成所有任務！」、「我想要獎勵時間！」等目標。感到有樂趣，才會積極地自主思考做出行動。

不是強迫孩子動起來，而是設計配套措施讓他們願意動起來。

17 堅持到底的孩子之父母親，會與孩子一同製作讓起床變得很有趣的「出門準備白板表」！

18

堅持到底的孩子會確實整理好房間，容易放棄的孩子則是房間散落著各種物品。

看到孩子房間滿地凌亂的玩具，往往會令家長瞠目結舌。好不容易整理乾淨卻一下子就被弄亂。繪畫組與戰士玩具也散落在客廳各處，完全沒有可以放鬆休息的空間。

「要說幾次才懂啊，還不快點收拾好！」只好拉開嗓門開罵，但孩子仍舊遲遲沒有動作，更是令人火氣上升，結果還是自己整理比較快。我想，應該有很多家長因為孩子不會主動收拾整理而感到傷腦筋吧。

「容易放棄的孩子」不擅長整理收納。不懂得收拾使用過的物品，房間總是一團亂。他們會搬出各種玩具來玩，然後覺得反正等一下還要繼續玩，就這樣丟著不管。有時根本不知道東西放到哪去，得花很多時間尋找，或是弄丟東西而不自覺。

不會收拾整理這件事，對孩子的學習方面也會產生很大的影響。由於各種東西散亂在書桌上，必須花時間挪出空間，讀書這件事只好往後延。想用橡皮擦，但不知道放到哪去了，找著找著發現玩具，直接玩了起來。可能也會因為玩具不斷映入眼簾而分心，無法專注在功課上。

要讓孩子懂得自行動手整理，培養他們養成**「整理很重要」**、**「整理完後很舒服」**、**「整理其實很簡單」**的觀念是無比關鍵的。

本篇要為大家介紹四項方法。

①區分空間

以客廳為例，**請確實將空間分成可以讓孩子自由玩玩具的「兒童遊戲區」，以及全家人使用的「放鬆休息區」**。鋪上地墊做出視覺上的區隔會更一目了然。如同本書單元14所傳達的觀念般，請舉出能夠說服孩子的理由，立下規定在客廳玩耍時只能待在兒童遊戲區。請在兒童遊戲區擺放一只大箱子，告訴孩子玩完後必須將玩具收入箱子裡。

②分成三個箱子整理收納

整理收納的三大重點為**「能立刻知道東西收在哪裡」**、**「能立刻取出」**、**「能簡單收**

好」。若用來收納的箱子或櫃子太多，不知道東西放在哪裡時，無論是要整理或取出都很不方便。

有鑑於此，請簡單地將收納用的箱子分成三個就好。最好選用透明材質能看見內容物的箱子。至於該如何分類則請與孩子一邊討論一邊做決定。

比方說「固定拿出來玩，超喜歡的玩具」、「偶爾才玩，還算喜歡的玩具」、「不太拿出來玩，但又捨不得丟的玩具」等等。

③體驗整理完後的狀態

要讓孩子體驗到整理完後的舒暢感受，首先必須跟孩子一起打造出令他們覺得舒適的空間。玩具、書本、文具類、書包、衣服等物要放在何處，則與孩子討論後進行安排。完成孩子喜歡的房間擺設後，拍照記錄，並將照片貼在每個櫃子旁邊，孩子便能按圖索驥自行做好整理。

整理完後，請記得問問孩子「收拾整齊會覺得看起來很舒服吧」。當孩子能體驗到屬於自己的舒適空間時，就會產生想維持這種狀態的情緒。

④設定清理時間

在進行整理的時間播放運動會用的背景音樂（時長3～5分鐘），宣布「我們來比賽，看誰能在曲子播完前先整理完～」以玩遊戲的方式進行時，孩子會更樂在其中地動手整理。剛開始請家長身先士卒，認真地與孩子一決勝負。

即便老是愛耍賴「還想再多玩一下～」的孩子，也會在聽到背景音樂響起後轉換情緒，動手收拾整理。

18 堅持到底的孩子之父母親，會讓孩子體驗「整理完後很舒服」的感受！

19

堅持到底的孩子懂得心存感謝，容易放棄的孩子動輒感到不滿。

「人家也想像○○他們家那樣去夏威夷玩！」、「我也想要新玩具！」、「我想玩別的遊戲！」、「吼～！如果是漢堡排的話該有多好～」凡事抱怨連連。

即便已上小學，似乎仍持續處於「不要不要期」狀態。孩提時代的我就是這樣。

「容易放棄的孩子」往往只會**注意到自身所未擁有的事物**。總愛與朋友比較，若別人有自己沒有時就會口出怨言。對他人所給予的東西也會抱怨連連「這個好麻煩」、「我不喜歡，不想做」，讓周遭大人傷透腦筋。

就算想要的東西終於到手，開心的情緒也是轉瞬即逝，又會開始對自己所未擁有的東西感到羨慕。永遠處於內心不滿足的狀態。

許多研究報告指出，**懷抱著感恩之心的人，幸福感也會比較高**。聚焦於自身所未擁有的事物時，會令人失去感恩的心，總是處於不滿足的狀態；聚焦於自身所擁有的事物時，會令人產生感恩的心，隨時隨地感到滿足。這也沒有，那也沒有，我好不幸的這種思維，會令人喪失採取行動的氣力。因此，我衷心盼望孩子們能明白自己深受許多人的眷顧，並擁有一顆感恩的心。

本篇要與讀者們分享令筆者懂得懷抱感恩之心的兩則人生經驗，以及如何透過家庭教育加以實踐的方法。

①「失去」的經驗

前往美國留學這件事，讓我失去了原本所擁有的各種東西。不但沒了車子、房子、手機與工作，也沒有家人與朋友在身邊，日文又不通，連最愛的壽司都沒得吃。完全處於被還原到預設值，什麼都沒有的狀態。在這種情況下，稀鬆平常的小事也能為我帶來喜悅。在寒冬中等公車時會發現有車是件多令人感恩的事、找不到住的地方而吃足苦頭時，會發現擁有自己的房間是多麼幸福的事、因感冒而孤單地臥病在床時，家人的關懷令我滿懷感謝。我這才明白，一直以來被我視為理所當然的事物，其實都是大家贈予的禮物。在那當下，我打從心底對一路栽培我至今的所有人與環境道出「感謝」。**失去自以為理所當然的事物後，就會自**

然地湧現感恩的心。

《適用於孩子的應用範例》

- 特殊體驗（露營、自然體驗營、海外短期留學等等）
- 家長因工作或旅行而離家一段時間、長期休假時將孩子託付給鄉下親戚
- 訓練孩子從幫忙父母親所負責的家事做起，並逐漸交給孩子來做。

② 「創造」的經驗

出社會後我展開了透過舞蹈促進地域活化的活動。原本以為應該沒有任何人願意聽我們這群年輕人的主張，沒想到中小企業董事長以及在地的大人們紛紛表示「你們的活動還真有趣啊！需要什麼儘管說！」並大力提供協助，幫忙贊助、幫忙宣傳、幫忙架設舞台。最後連地方行政機關都來助陣，讓我們得以在和歌山城前這座大舞台舉辦活動。原本只能在半夜躲在大樓陰暗處偷偷練習的舞者們，得以接受陽光的洗禮站在這座城市的正中央盡情地展現自我。當下我的內心真的澎湃不已。令我由衷地對所有提供協助的和歌山大人們說出感謝。自主行動的創造經驗，會讓人察覺到單憑一己之力是無法成就任何事的。

《適用於孩子的應用範例》

・參與各種必須付出勞力的社會活動（職業體驗主題樂園、販售物品的跳蚤市場、參與地區活動，擔任工作人員等等）
・親子一同參與置身大自然的「創造遊戲」教育課程（草地大學等等）
・嘗試從零開始規劃慶生會或派對

遇到困難以及感動的體驗，會令人察覺到原本以為理所當然的事物，其實都是出自他人的體貼與行動所造就而成的，自然就會對此湧現感謝的情緒。

不給孩子太多，請試著適度奪走他們所認為的理所當然的事物。

19 堅持到底的孩子之父母親，會讓孩子察覺理所當然的事有多令人感恩！

第3章

學習習慣 編

20 堅持到底的孩子充滿幹勁，容易放棄的孩子意興闌珊。

「我家孩子總之就是缺乏幹勁，才剛上英語教室沒多久，就一直吵著『不想學，不想去上課』。到目前為止，沒有一項才藝課持續超過半年的。我想讓孩子再多上一陣子的英語教室，該怎麼溝通才好呢？」

曾有家長找我商量這樣的煩惱。關於學習才藝這件事，我個人認為，基本上若孩子沒意願的話，不學也無所謂。如同本書單元11所說明的內容般，強迫學習不但無法有效吸收，甚至會讓孩子感到厭惡。

話雖如此，我也明白，若事先已請孩子約定「要學完一整年」，或已買下全套教材與用品時，很難毅然地說出「不想學那就別學了吧」。

再者，立刻喊停就此放棄時，英語、運動、鋼琴、書法等才藝就會在孩子尚未體驗到真正樂趣的情況下，從他們的人生裡銷聲匿跡。這是我所不樂見的結果。因此，我傾注心力，希望來上課的孩子們都能喜歡在我的教室學習。

不但希望孩子們會殷殷期盼「星期四怎麼還不快點來呀」，讓上課日成為他們每週最期待的一天，也想為孩子們打造能讓他們盡情當小孩的特別所在，一個能讓他們找到真正想做的事、全心全意投入的所在。為了實現這個心願，我與團隊人員齊心協力，在這七年的歲月裡，打造出讓孩子們感到不亦樂乎的學習環境。

本篇將以教育心理學家約翰・凱勒（John.M.Keller）所提倡的**「ARCS動機模式」**為基礎，為讀者們介紹，在我的教室所採用的高效提升孩子幹勁的四大重點。

①A（Attention：引起注意）「想做做看！」

刺激孩子的好奇心，令其覺得「好像很有趣」、「還想知道更多」。可應用本書單元21所介紹的「遊戲化」方式，營造出與平時不同的特殊情境。

〈具體事例〉

與孩子對戰、一同參與、測量時間、出謎題、實況轉播孩子的行動（誇大反應，喊出聲來）、以激將法的方式詢問「這要很厲害才會成功耶，你要試試看嗎？」、吸引孩子的興趣「其實是不能偷跑的，但你要不要試一次看看？」、減少口頭指導，重視實際體驗、實戰的比重大於基礎練習（讓孩子能接觸到最有趣的部分）、提供與真實人事物或頂尖人物接觸的機會。

②R（Relevance：切身相關）「似乎很有用！」

「做起來似乎很有成就感」、「似乎能解決我的困擾」讓孩子覺得接下來要學的東西能對自己有幫助。當孩子產生這樣的想法時，就不會流於被動，而能主動地積極參與。

〈具體事例〉

詢問「做了這件事會有什麼好結果？」、告知好處「做了○○，○○就會變得更好喔」、說明練習的目的、讓孩子感到困擾，察覺某事物的必要性。

③C（Confidence：建立信心）「似乎能做到！」

讓孩子感受到，只要肯努力就能辦到。當「似乎做得到」的自信勝過「可能做不來」的不安時，就能令人勇於挑戰。

〈具體事例〉

設定小目標、讓孩子自行做決定、允許失敗、請年紀相近的孩子示範、不與他人比較而是與孩子過去的成果比較、觀看影片幫助孩子想像成功景象。

④S（Satisfaction：感到滿足）「做起來很有意思！」

讓孩子獲得做這件事真好的愉悅感與滿足感。感到有趣、開心，就會想再試一次。

〈具體事例〉

將結果數值化，讓孩子能實際感受到成長、表達感謝「因為○○你幫忙做了這件事，讓我省了很多麻煩」、給予稱讚（在孩子剛接觸新事物時，讚美的確能發揮作用。但若過於頻繁稱讚則會失去效果，孩子不會再因此產生動力，務必慎用）。

20 堅持到底的孩子之父母親，明白該如何才能點燃孩子的鬥志！

21

堅持到底的孩子會將學習遊戲化，容易放棄的孩子則不情不願地學習。

「還不快點寫功課！」

我想家有小學生的父母親們，應該都曾說過這句話吧。家長們又何嘗不知道開口催促只會讓孩子更沒勁，當然也希望孩子能自動自發地快樂學習。然而，眼看就快到交作業的日子了，孩子卻還是拖拖拉拉愛寫不寫，因而忍不住大聲斥責。

「容易放棄的孩子」往往學習得心不甘情不願。因為父母嘮叨、因為會被老師罵所以才乖乖就範。書沒念完就沒辦法跟同學玩，也不能打喜歡的電動。在這種心態下讀書，不但無法吸收學習內容，還會愈來愈討厭念書這件事。而在考完升學考後，就會展露出「我才不想再碰書咧」的態度，從學校畢業，也跟著對用功念書這件事說再見。

話說回來，現已得知，**學習起來覺得有壓力時，掌管記憶的腦內工作記憶機能就會下降，學習效率也會變差**。

在我所開設的教室，相當注重導入**遊戲化（Gamification）**的概念，運用遊戲令人著迷的要素來設計課程這件事。原本被家長硬帶來學英文的孩子，也逐漸變得喜歡英文，甚至表示「想快點去英語教室上課」。

本篇要為讀者們介紹五個將學習遊戲化的技巧。

①測量時間

在開始寫功課前，先問孩子所估算的目標時間「大概幾分鐘能寫完？」。接著當場設定機械式倒數計時器。重點在於，擬定可透過數值化評估的目標著手進行。

②分成小細項，設定終點

將大量的作業內容拆解細分，方便孩子書寫，也能讓他們反覆體會到小小的成就感。以每一頁為單位或以單元為單位都ＯＫ。細分後再為每一篇設定等級。

比方說，做完1～5頁為等級1、做完6～10頁為等級2、做完11～15頁為等級3，最後的小測驗則是大魔王。

問問孩子「今天打算挑戰哪個等級？」如同玩遊戲（RPG之類）般，搭配故事情節會更有效果。讓孩子產生「我要在下禮拜內提高等級變強，打倒大魔王！」的鬥志。

③互相競爭

有些孩子看到眼前有競爭對手時，就會變得渾身帶勁。

「我們來比賽，看是我摺衣服快，還是你寫國字填空比較快。」

「我現在要出門買菜，你能在我回來之前寫完作業嗎？會不會有點難？覺得如何，要不要試試看？」

比照這樣的方式來進行，若是男孩子的話，則可以再說得更挑釁一點。

④設法讓孩子能利用零碎時間學習

移動或等待等零碎時間，是發揮專注力的絕佳機會。因此請下功夫讓孩子能隨時隨地，利用空檔時間快閃學習。

尤其推薦口算心算題卡，以及學英文時經常用到的單字卡。

⑤將完成的事項視覺化

當人感覺到自己有所進步時就會產生幹勁。因此請將孩子到目前為止已完成多少、距離終點還有多遠的現況，以視覺化的方式呈現。

比方說，若孩子在晚上七點前寫完作業時，便可在月曆上貼上貼紙，或蓋印章紀錄等等。手繪獎勵標誌也很好。總之就是讓孩子本身與家人都能看到孩子的努力成果。請記得看著這些紀錄，對孩子表示「你一直都很努力呢」認同孩子的付出給予讚美。

與孩子一同思考能令他們想主動學習的做法，而非再三催促「快去念書」。

21 堅持到底的孩子之父母親，會將寫功課這件事遊戲化！

22
堅持到底的孩子會到現場實際進行體驗，容易放棄的孩子觀看YouTube影片便感到滿足。

不希望孩子們以為「這我知道」便畫下句點。

生活變得很方便。利用手機就能查到想得知的資訊、各種疑難雜症都能透過網路或YouTube查詢解惑。這會令人覺得自己無所不知似乎也無可厚非。

以前在授課時也曾有類似的經驗。當時我詢問班上學童「各位和歌山小朋友，你們喜歡自己的故鄉嗎？」

在我面前的二十名小學生中沒有任何人舉起手。我再問「怎麼會這樣？為什麼呢？難道大家不喜歡和歌山嗎？」孩子們卻回答「才不喜歡咧！又沒有可以玩樂的地方，也沒有什麼有趣的店，很想快點搬到都市去～」。我接著表示「和歌山的橘子收成量是日本全國第一耶。而且在這附近就有一家很有趣的玩具店，商店街也都會辦活動呀。再加上還有加太這個擁有豐富自然景觀的地區……」。孩子們又接口「我知道這地方呀，曾在YouTube上看過，但沒什麼特別的。大人也都說和歌山什麼都沒有——。」

幾乎所有的孩子都未曾親自進行確認，只憑著聽來的消息就判斷和歌山是個無趣的地方。

「我知道」與「我了解」是不一樣的。

即便知道和歌山有「加太」這個地區，卻不了解感受著徐徐吹來的微風，眺望著海景泡溫泉的幸福。即便知道和歌山的橘子收成量為日本全國第一，卻不了解果農們是抱持著什麼樣的心情來栽種橘子的。不明白果農們為了避免果園受到颱風摧殘，必須二十四小時全天候地嚴陣以待。

因為不了解這些事，所以當颱風逼近發布警報時，才會開心地歡呼「耶～不用去上課～」。畢竟若沒真正接觸過和歌山的橘子果農們，根本無從想像颱風對作物所帶來的影響。

要與其他人形成連結在社會上生存，這份想像力是不可或缺的。

所以我才說，不希望孩子們以為「這我知道」便畫下句點。

「你們說和歌山什麼都沒有，那我們就來確認看看是否真的是這樣吧！」

這段插曲成為了我與學童們展開「和歌山食衣住行育樂大蒐集專案」的契機。走出教室外，於大街小巷搜尋「有趣的店」，若對某家店有興趣時，便入內進行採訪。

「為什麼會開梅子店呢？」、「特別推薦哪些產品？」、「什麼事讓您覺得從事這份工作真好？」提出相關問題，針對店家的回答寫下感想，並以報導的方式彙整成冊。這本書就是孩子們的語錄。

「看到腳踏車店老闆的雙手黑漆漆時雖然嚇一跳，但完全不覺得討厭」、「開拉麵店的喜悅就是看到客人把湯喝到一滴不剩，聽到真好吃的感想」、「原本以為工作是很累人的事，但在地的大人們都笑得好開心，所以應該是充滿樂趣的吧」。

有鑑於孩子們當初異口同聲地表示「和歌山什麼都沒有」，因此這本書的標題便訂為「別說和歌山什麼都沒有！」。實際走訪和歌山各地、與居民們交流，孩子們對和歌山的想法似乎也有所改變。

光是「知道」知識，並無法遇見令人心動與感動的人事物。**只有實際嘗試過，才能找到真正想做的事**。也能**學會站在對方的立場想像**「說這種話會很傷人吧」**而做出適切的言行**。

因此，當孩子對某事物感興趣時，請帶他們實際造訪吧。喜歡恐龍的話就去恐龍博物館，喜歡足球的話就去觀看足球賽。

我想一定能讓孩子體會到超乎螢幕畫面所帶來的感動。而這份感動就能更加培養出「勇於嘗試」的積極心態。

22 堅持到底的孩子之父母親，會讓孩子實際進行體驗！

23

堅持到底的孩子會當父母的老師，容易放棄的孩子不跟父母聊學校的事。

先出個問題考考大家。

人在學完一件事經過一天後，大約會忘掉多少內容呢？德國心理學家艾賓浩斯（Hermann Ebbinghaus）的研究指出，**一天就會忘掉67％的內容**。

也就是說，臨時抱佛腳熬夜硬背的東西，不出三天就會不復記憶。雖然每個人的學習效果不盡相同，但若同時學習大量才藝，卻未在學習方法上下功夫時，難保不會全忘個一乾二淨。這樣實在太可惜。

該怎麼做才能牢牢記住所學之物呢？

美國國家訓練實驗室（National Training Laboratories）曾針對學習方法與學習效率進行研究。

結果顯示，各項學習方式的學習效率分別為，「聽講」5％、「閱讀」10％、「視聽教材

（透過影片、音檔學習）」20%、「觀看示範」30%、「小組討論」50%、「實作演練」75%，而最能夠確實吸收，效果最好的學習法則是效率高達90%的「教導他人」。也就是說，**教人是最能留下深刻記憶的方法**。

我所開設的教室亦相當重視「教學相長」的信念。

比方說，籃球教室會由高年級隊長負責指導低年級學員的部分練習菜單。向隊長投出「該怎麼說明才會簡單好懂？」、「該怎麼做小一生們才會喜歡籃球呢？」等問題，請其構思練習菜單，並進行實際指導。

「自己懂」與「能夠教別人」是完全不同的事。在教人的過程中會察覺到，原來以為懂的東西，其實尚未了解透徹。

隊長經過這番洗禮後，聽課時的心態也有所轉變。會在聆聽老師教導內容的同時，思考該如何說明才有助於小一生理解。如此過了三個月後，擔任隊長的孩子實力突飛猛進到令大家感到驚訝的程度。

不光只是技術層面的進步而已，包括簡明陳述自身想法的表達力、遵守規則的自制力，以及遭遇失敗也不放棄的心態皆有長足的進步。因為他們**懂得以自己的方式來說明**「該怎麼做才能進步」、「該怎麼做才能投籃成功」。

有辦法說明就等於隨時都能還原重現。**「似懂非懂」會轉變為「十足的把握」**。所以才能練就足以上場比賽的實力。

此外，隊長教導低年級的學弟妹們「專心聽講很重要」，自然也不會在大家面前做出違反規定的行為。責任感就是藉此一點一滴培養起來的。

因此，我總是建議將孩子送來教室學習的家長們，在家**「當孩子的學生」**。

方法很簡單。一天花個五分鐘就好，只須興味盎然地問問孩子「今天學了什麼？」、「覺得什麼最有趣？跟我說說嘛」。

相信孩子一定會開心地分享在學校或補習班的所學之物。

有家長跟我分享這個小故事，在我們英語教室上課的某位五歲小女孩，某天下課後在家模仿老師，將當天所學的內容再教家人一遍。甚至連姿勢動作都模仿得維妙維肖，逗得全家呵呵笑（光想像都覺得可愛）。

23

堅持到底的孩子之父母親，每天會花五分鐘當孩子的學生！

對孩子而言，父母親願意聽自己說話是比什麼都開心的事。

孩子會覺得「爸媽很感興趣地聽我講學了哪些東西，所以明天也要跟他們分享」在學校或才藝班上起課來就會變得更專心。為了進行後續的分享，孩子會以**輸出知識為前提來聽講，這些新知自然就會被爬梳整理，輸入腦袋裡**，形成能夠現學現賣的知識並被加以記憶。

有些孩子升上高年級後會漸漸感到難為情而不願主動多說，因此請從低年級開始，讓孩子養成在家分享所學之物的習慣。

有些內容即便已知情，也要佯裝不知「跟我說說嘛，我好想知道喔～」即為重點所在。

24 堅持到底的孩子會先模仿再說，容易放棄的孩子則堅持自我原創。

至今為止，我已指導過千名以上的兒童打籃球。

透過這些經驗，我發現，能有所進步的孩子皆有一個共通點。

那就是**懂得立刻模仿所見的動作**。我將此定義為「資質」。不僅限於運動，放諸任何領域，具備「資質」的孩子懂得立刻仿效老師所教的內容，逐漸習得各種技術。

相反地，欠缺「資質」的孩子必須花費很多時間才能進步。孩提時代的我毫無疑問地就是缺乏「資質」。我總是無視老師所教的事物，固執地追求與眾不同。

誠然，不人云亦云，不跟風盲從，自主思考做出行動是很重要的。只不過，學習任何事物都必須按部就班來。確實循序進行，便能加快進步的速度，進而形成「我做到了！」的成功體驗，自信也會隨之提升。

而這個順序就是日本自古以來所重視的**「守破離」**這個概念。

透過「守」→「破」→「離」→這三個階段，能讓人有效率地習得新知與技能。

最初為「守」。**忠實遵守指導者所傳授之內容的階段**。先不動腦多做思考，只管確實觀察。接著反覆練習所學到的內容，藉此穩固基礎。在日文中，學習（学ぶ，Manabu）這個字的語源為真似ぶ（Manebu）即模仿之意。首先從模仿所學之物做起，學習才算正式起步。

其次為「破」。**此為找出自我原創的階段**。不光只是練習指導者所教授的事項，動腦思考做這些事的目的、是否有更好的方法，針對發想進行實驗。在這個嘗試與錯誤的過程中，逐漸培養出屬於自己的特色。

最後則是「離」。**此為揮別指導內容，展現自我原創的階段**。從指導者身邊獨立，走出學校與教室，在社會上展現自身原創，確立充滿自我特色的做法。

無論在哪個領域都能飛快成長的孩子，皆確實實踐「守破離」原則。從一開始便追求原創、過度堅持自我做法的孩子，大多遲遲難以進步，或在半途便索性放棄。開始學習新事物時，先從模仿做起是很重要的。

話雖如此，在孩子剛開始學習的階段，若千篇一律地進行基礎練習，或展現出高壓的指導態度「不要對老師頂嘴，聽話照做就對了！」大家就會萌生退意。畢竟不有趣就不會令人產生持續做下去的動力。

有鑑於此，在我的教室則在「守破離」這三個階段前，加入**「燃」**這個步驟。

「燃」指的是，**點燃躍躍欲試情緒的階段**。缺乏「想做得更好！」、「想知道更多！」的好奇心時，便無法培養相關能力。正因為深受吸引才能學到東西。對於學齡前兒童而言這是最為重要的階段。

除了前面所介紹過的遊戲化手法外，本篇要為讀者們講解，在我的教室所實際採用，令孩子們全心投入學習的三項技巧。

①表達「做得很好」

派給孩子一些小任務，達成時則一同為他們感到喜悅。

告訴孩子「你努力做到了呢」、「比你第一次練習時，多學會了很多技巧呢」讓孩子實際感受到自身的成長。

②表達「感謝」

無論多小的事都無所謂，像是「謝謝你來找我」、「謝謝你聽我說」、「謝謝你認真看待這件事」等等，對孩子說出感謝。透過話語與肢體接觸，來對孩子的行為與存在發出肯定訊息。這麼做**能為孩子提供令其感到安心的避風港，建立不畏失敗，勇於挑戰新事物的心態**。

③為孩子打造環境，助其找到未來目標

收看電視轉播的職業運動賽事、幫忙製造與哥哥姊姊交流的機會，使其有感而發「我想變得跟麥可喬登一樣厲害！」、「我也想跟跟哥哥姐姐看齊！」為孩子打造出能**找到榜樣借鏡的環境**。

24 堅持到底的孩子之父母親，會先點燃孩子想嘗試的情緒！

25

堅持到底的孩子會以GBH的方式進行回顧檢討，容易放棄的孩子則不然。

「堅持到底的孩子」**一定會回顧檢討自身作為**。答題後會對答案評分，複習做錯的地方。發表會結束後，會立即觀看錄下的影片確認表演成果。比賽結束後，會與夥伴進行討論，擬定下回比賽的戰略。「堅持到底的孩子」會透過全力以赴──進行測試──回顧檢討的循環方式，逐步成長。

欲達成個人成長，客觀檢視自我是非常重要的步驟。全力拚搏後，並不就此感到滿足。確認自身表現得好與不好的部分，聽取指導者的建議，擬定下回練習的目標或策略。

由此可知，若不進行「回顧」，便無從掌握自身目前的實力，不知道接下來究竟該著手做些什麼才好。

在我所開設的教室，從學童就讀小學一年級開始，便教導他們活用**「Good Better How（以下簡稱為GBH）」手法**，進行回顧檢討的方式。

首先請準備筆記本，接著如下頁照片所示般，畫線寫下文字敘述。

步驟1：寫下目標

在回顧之前，先具體寫下當日目標。例如「投籃成功三十次」、「做完兩頁計算填空題」等等，以具體數字搭配目標時會更易於回顧檢討。

步驟2：G（Good）寫下好的部分

對照目標，根據當天的執行結果寫下自覺不錯的部分。不光只著眼於成果，藉由反思自己當下是抱持著何種心情、採取了哪些行動、事前準備與過程、進行時的心態，會更容易找出可圈可點的表現。

〈例〉學會寫五個新的國字、使出全力應戰直到比賽結束、在比賽中能順暢地用左手運球

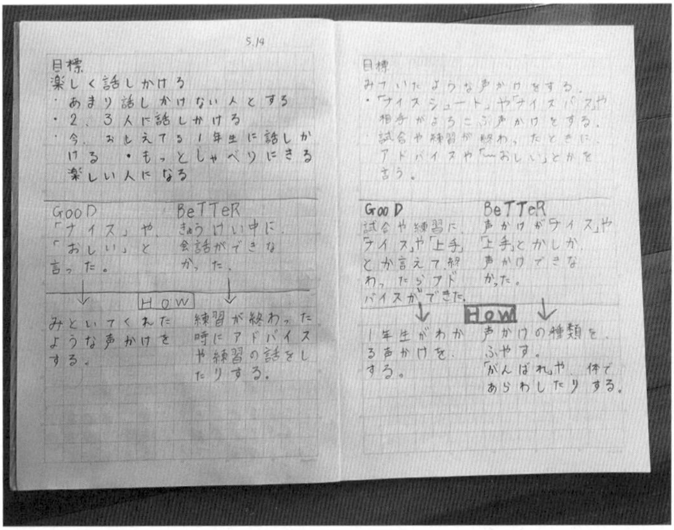

步驟3：B（Better）寫下能再變得更好的部分

換個說詞，其實就是指不好的部分。不過在我進修的First tee並不使用這樣的說法，而是以「你覺得哪個部分還可以再更好？」的方式來詢問孩子。如此一來，原本很排斥被他人得知自身缺失的孩子也會願意進行發言。就是**一種將改善點視為成長機會**的思考模式。

〈例〉沒辦法順暢地用左手運球、不知道英文「R」的正確發音、沒能在正式上場時嘗試新技巧

步驟4：H（How）該怎麼做才能變得更好？

思考該如何具體提升表現良好的部分

（G），以及如何活用成長機會（B），接著填寫於最下方的欄位。之後再將這些內容應用於下一次的學習或練習上，並填寫於新一頁最上方的目標欄內。

〈例〉每天練習三十次左手運球、每天聽五分鐘的「R」錄音檔進行發音練習、模擬實際比賽情況練習投籃

GBH不僅限於學校，還能運用於職場與各種團體內，不妨試著從小學早期階段教導孩子這項方法。

25 堅持到底的孩子之父母親，會促使孩子回顧檢討！

26

堅持到底的孩子認為答案可以有很多個，容易放棄的孩子則認為答案只有一個。

「考哪間學校比較好？」、「自己適合什麼樣的工作？」、「怎樣才能與朋友和好？」等考試不會出的問題，答案永遠不只一個。必須從無數的選項中，自行動腦思考想出答案。

「2011年就讀小學的學童中，將有65％從事目前尚未問世的職業」

這是杜克大學研究學者凱西・戴維森（Cathy N. Davidson）接受紐約時報訪問時所提出的看法。

此外，牛津大學所發表的「AI與機器人技術將更加促進自動化的發展，現有的職業在十年後會有將近半數遭淘汰」的這篇論文亦引起熱議。

針對有正確解答的問題，電腦的作答能力遠勝過人類。即便拚命記下目前被視為正確的答案，日後是否能派上用場仍是個未知數。

單憑照抄、背記老師講課的內容，將很難在今後的社會找到工作。**主動發現問題，思考對策，反覆測試，從過程中導出能說服自己答案的能力**相形重要。

本篇要為大家介紹三則家庭教育方法，培養孩子自行導出答案的能力。

①不評斷、不告知答案，重視孩子的疑問

基本上秉持著不對孩子的行為或言論打分數的態度至關重要。當大人評判什麼是好什麼是壞時，孩子就不會自行動腦思考，只想查探大人心目中的正確答案，轉而變得被動沒有想法。

因此，當孩子提出「為什麼○○會這樣呢？」的疑問時，不應草率敷衍帶過，而是先稱讚「你很棒喔，有發現到這一點」。接著在說出答案前，先問問孩子「那你覺得為什麼會這樣呢？」無論聽到什麼樣的答案皆不予否定。當孩子想不出答案時，**即可表示「那我們一起找答案」，教導孩子遇到疑問必須求知，以及尋找解答的方法**。

②進行哲學對話

「究竟什麼才叫好孩子？」、「什麼是幸福？」、「怎樣才能跟同學當好朋友？」像這樣與孩子一同思考沒有正確答案的問題，能幫助孩子培養提出問題的能力、動腦思考的能力，以及對話能力。

在開始進行前，請先告訴孩子**「答案不只一個」**、**「現在還不懂也沒關係」**、**「想法改變也ＯＫ」**。如此一來，孩子就能放輕鬆地思考，不會害怕答錯而敢自由地說出意見。父母親不光只是聆聽孩子的想法，也可以分享自身真實的看法。孩子聽到父母的意見後，就會更深入地進行思考。

參加哲學對話活動（哲學咖啡館）也是很推薦的方法。

以前我們教室也曾舉辦過親子哲學活動，請親子們針對「什麼是好父母？」這個主題進行對談。父母們提出「做出好吃的飯菜」、「指導孩子的課業」等意見，孩子們則說出「聽我唱歌」、「買遊戲給我」、「總是為我加油」等出乎意料的答案。活動大受好評，家長們紛紛表示藉此更加深了親子間的情感。

親子對話能成為加深理解彼此的契機，還請大家踴躍嘗試看看。法國哲學家奧斯卡．柏尼菲（Oscar Brenifer）的《哲學．思考．遊戲》系列套書，是很適合親子共讀探討哲學的讀本，值得推薦。

③書櫃收藏偉人傳記

傳記是描述各個時代各國人生的故事。

人生的成功並非只有單一標準。世上有各式各樣的生活方式，人生不會永遠一帆風順，有時也會發生壞事。願意相信自己、相信夥伴，努力不懈的話，便能實現夢想。

這些觀念能夠過閱讀偉人的生平事蹟來學習。不妨在孩子房間書架上悄悄放上偉人傳記系列叢書。當父母親看傳記看得津津有味時，孩子應該也會感到好奇而拿起來翻一翻（放在父母親的書架上也可以。畢竟孩子總是很好奇父母親會看什麼類型的書）。

26 堅持到底的孩子之父母親，不會給答案，而是提出問題！

27

堅持到底的孩子會舉手發言侃侃而談，容易放棄的孩子幾乎不會舉手發言。

在教學參觀日看到孩子扭扭捏捏地不敢舉手發表時，忍不住嘆氣「明明只要把之前在家一起練習的東西講出來就好」。

學習才藝也是這樣，明明上課上得很開心，也不斷有進步，但就是不想參加發表會或比賽。我想應該有許多家長對此感到煩惱「希望孩子能更積極一點」吧。

懂得輸出所學的知識相當重要。透過自己的方式來表達，能鞏固所學事物，察覺錯誤，更進一步地成長。此外，表達自身想做的事或想法，有助於結識志同道合的夥伴，遇到困難時就能發揮團隊力量互相幫忙。**大大方方說出自身意見的能力，無論是在學習層面或人際關係方面，都是一項很重要的生活技能。**

我們學院固定開設提案教室，培養孩子透過自己的說法來發表自身意見的能力。而且不光只是讓孩子學會表達自身的想法而已，所言內容能獲得聽者「認同」才是這門課程的最終目標。很多家長表示，原本在學校課堂上連一句話都不敢說的內向孩子，來我們教室上課後體會到發表意見的樂趣，在學校與才藝班也變得勇於發言。

本篇就要為讀者們介紹，在我們提案教室用來訓練孩子發表自身意見的技巧。

那就是，**平常聽孩子說話時，積極提出「你是指什麼？」、「為什麼？」、「比如說？」這三個疑問**。只要這麼做，孩子的說明能力就會日益進步。

透過「你是指什麼？」促使孩子明確闡述意見、透過「為什麼？」請孩子說明合理的理由、透過「比如說？」請孩子舉出能讓聽者掌握概念的具體事例。

接著就一起來看看實際應用範例吧。

孩子：「人家也好想想跟○○家一樣養寵物喔～」

父母：「原來你想養寵物啊。但是你說的寵物，是**指什麼**呢？」（明確化）

孩子：「覺得狗狗很不錯～。我想養貴賓狗。」

父母：「原來你喜歡貴賓狗呀。**為什麼**想養貴賓狗呢？」（理由）

孩子：「因為可以跟牠玩嘛。」

父母：「話是這麼說沒錯，**比如說**，你想怎麼跟牠玩？」（具體事例）
孩子：「嗯……可以在公園跟牠賽跑、夏天的話可以一起在家用泳池玩。」
父母：「所以你才想養貴賓狗囉。那可以請你再用自己的話從頭說明，你想要什麼寵物，為什麼想養寵物，還有你能為寵物做些什麼嗎？」

基本上就是以這樣的方式來進行。最後再請孩子從頭說明與父母親的這段對話會更有效果。羅列出對話內容，就能依循被活用於商業等場合，令訴求簡明易懂的「PREP法」原則，完成提案說明。

P（主張）：我想養貴賓狗
R（理由）：因為牠能陪我玩
P（舉例說明）：比方說在公園賽跑、夏天可以一起在家用泳池玩
P（主張）：所以，我想養貴賓狗

在孩子習慣這套做法後，還可以透過**「可是？」**提出反對，促其深思，以及透過**「那該**

怎麼做？」詢問其打算利用何種方法來實現心願。孩子能因此更上一層樓，習得如何讓說明內容更具說服力的技巧。

（反駁）：「可是，每天要帶狗散步不是很麻煩嗎？」

（確認方法）：「我明白你想養狗的想法。你認為該怎麼做我們才會同意你養呢？」

有很多孩子覺得在人前出錯很丟臉而不敢開口發言。

持續發出「錯了也沒關係」的訊息，不急著逼孩子回答，從容面對沉默，為孩子打造能令其感到答錯也無須耿耿於懷的安心環境。

27 堅持到底的孩子之父母親，會投出「你是指什麼？」、「為什麼？」、「比如說？」的疑問！

第4章

達成目標 篇

28 堅持到底的孩子具有夢想或目標，容易放棄的孩子沒有想做的事。

「我家孩子沒有特別熱中的事。老是關在房間裡打電動或是看YouTube，實在很令人擔憂……」。

曾有家長找我商量這樣的煩惱。

我十分明白家長們希望孩子能找到熱中之事的心情。

然而，若對孩子施加壓力「面對將來必須懷抱夢想！」時，孩子會覺得「沒有夢想的我很廢」而對未來感到不安與焦慮。**夢想或目標等抱負，是從愉快的體驗中發掘而來的**，因此窮追猛打只會造成反效果。

「我想成為恐龍博士」。

這是我班上某位學童一年級時的夢想。在其升上六年級後，這個夢想依然沒有改變。除了這個遠大的夢想之外，這名學童還練棒球、舞蹈與體操，每天朝著所設定的各項目標持續努力。

我曾詢問「要學這麼多東西，不會覺得累嗎？」這孩子卻笑著回答我「一點都不累呀，能把喜歡的事當成目標很好啊」。

懷抱夢想與目標，每天就會閃閃發光。

由於明確知道該做什麼，因此能專心投注自身心力，進而發揮最好的表現。因為熱中喜愛，才能不畏失敗，不斷挑戰新事物。而在這個過程中就會逐漸培養出新的能力。

若您的孩子每天顯得百無聊賴的話，不妨從旁助其找出夢想或目標。

接下來要為家長們介紹協助孩子找出想做之事的三個方法。

①對目前所進行的事立下目標

舉凡學才藝、學校課業、與同學玩耍相處，任何事都可以。從孩子目前所接觸的事物中，針對其感興趣或覺得有趣的項目立定小目標。

「努力就能做到」的成功經驗，會讓孩子願意相信自己的能力，逐漸培養出不輕言放

棄，堅持下去的心態。

②找出擅長的事項

很多孩子因為對自己沒信心又沒有擅長的事項，而不知道自身的夢想或目標是什麼。請從平時大量找出孩子學會的事項或有所進步的地方，透過話語表達給孩子知道。

「你的後翻上槓技巧比之前更好了耶」、「〇〇你的說明總是這麼好懂」、「〇〇你讀很多書呢」。

找到自身擅長的事項時，不安的情緒就會消失，進而湧現「做看看」的念頭。持續下去後，就會愈來愈喜歡，自然就能找到新目標。

③陪孩子一起嘗試

夢想是從體驗中發現的。因此，擁有先嘗試看看再說的挑戰精神極為重要。

稍微看一下、稍微摸一下，在這種五感並用的體驗過程中，有助於找到自己想做的事。

然而，要嘗試新事物其實需要很大的勇氣。既不想失敗、也不想丟臉的這些不安情緒會從中作梗。有鑑於此，起初還請家長們陪著孩子一起做做看。**孩子會對父母親顯得樂在其中**

的事物非常感興趣，因而覺得「我也想試試看！」。

很建議大家在這種無關勝負，做不好也不責怪，身心都感到安適放鬆的環境裡，與孩子一同進行各種體驗。我想孩子一定能從這些愉快的體驗中，找到想做的事。放寬心不焦急，親子同樂即為重點所在。

28 堅持到底的孩子之父母親，會與孩子一起嘗試新事物！

29

堅持到底的孩子會為夢想設下期限，容易放棄的孩子則毫無規劃。

「我要成為職業足球員！」、「我要成為得分王！」、「我要考上這間國中！」

雖然說了大話，卻完全未見本人有半點努力的樣子。考完試或比賽完後，總是滿懷鬥志地表示「下次我會更努力！」結果只是當下說說而已，根本未實際做出行動。您的孩子是否也是這樣呢？

談論夢想是非常振奮人心的一件事。對外宣告自己想做的事，就會湧現力量。然而，「容易放棄的孩子」不會為其目標設下期限。畢竟一旦訂下截止日就必須做出相應的行動才行。這代表必須面對一事無成的自己，而且無法達成目標也會顯得很沒面子。換句話說，不設下期限，也就不會面臨失敗的窘境。

「堅持到底的孩子」會為夢想或目標設下期限。

他們不會主張「我想跑更快」，而是「我要在下星期四前，練到50公尺短跑9秒1的成績」。亦不會主張「我要成為得分王」，而是「下週的比賽我要得三分」。

像這樣，明確訂下「到哪一天」、「要做到什麼事」時，就會知道今天應該做什麼。明白應該做什麼，自然就能採取行動。

若希望孩子能朝著目標全力衝刺的話，使其懂得為夢想設下期限才算真正站上起跑點。

本篇要為家長們介紹協助孩子為夢想訂下期限的三步驟。

步驟1　詢問理由

當孩子說出夢想或目標時，請記得詢問理由，例如「為什麼你想成為職業選手呢？」、「為什麼你想跑更快呢？」、「為什麼你想考上這間國中呢？」等等。若理由為「我也說不上來」時，不但難以促進本人做出行動，失敗時也會備感挫折。當然，一開始沒想太多其實也OK。有時必須嘗試之後才會有所體悟。然而，為避免擁有目標卻遲遲無法展開新行動的情況發生，**從一開始便明確指出實現夢想的目的是至為重要的**。也就是明確釐清自己究竟是為了什麼才做這件事。

步驟2　為夢想編織故事

想像夢想實現後能迎向什麼樣的未來、會有什麼好事發生，就會覺得興奮雀躍，更想快點實現夢想，往前邁進。

不妨問問孩子「跑得更快後，會有什麼好處呢？」、「考上這間國中後，你想做什麼？」等等，聽聽他們實現夢想後的願景。「考上這間國中後，我想加入一直很想參加的籃球社，然後拚命練球，在比賽時得很多分」。如果孩子能像這樣，**雙眼熠熠生輝地為夢想實現後的未來編織故事侃侃而談**，真的是再好不過的事。

步驟3　為夢想設下期限

當孩子想實現夢想的理由變明確，開始對實現夢想這件事感到雀躍時，就是為夢想設下期限的時機。例如「你打算在什麼時候實現這個夢想呢？」、「要把日期訂在什麼時候？」。

若孩子回答「我要在這個月練好投籃」至於該做些什麼的部分仍舊曖昧模糊時，就可以順水推舟地提問「具體來說，你想將投籃技巧練到什麼程度？」、「想達成哪些現在還在努力的目標？」幫助孩子**將夢想具體化**即為重點所在。

「我想在四個禮拜內練到罰球能投五中四的程度」。

當孩子能說出這樣的目標時就算合格。接著請將訂下期限的夢想寫在紙上，張貼於顯眼的地方。以毛筆書寫來達到激勵作用或許也不錯。貼上孩子喜歡的貼紙也是好方法。

當這三個步驟習慣化後，在孩子找到想做的事時，就會自主決定期限並採取行動。此外，**決定開始進行的日期**也很重要。有些孩子會因為拿不定著手日而無法正式展開行動。當期限拍板定案後，請記得問問孩子「那要從何時開始進行呢？」。

29

堅持到底的孩子之父母親，會請孩子為夢想設下期限！

30 堅持到底的孩子知道自己的目前所在地，容易放棄的孩子則茫然不知。

找到想做的事了！為夢想設下期限了！這樣事前準備就算完成了。

接下來，為了實現夢想，最初應該從哪件事著手呢？

答案就在下文中。

你在叢林內搞不清楚方向而迷了路。你一路朝著藏有寶藏的洞穴前進，但現在連個影都沒看見。

就在你感到束手無策「到底該怎麼辦才好？」時發現了一張叢林「地圖」。靠著這張地圖，應該就能知道該怎麼走才能找到藏有寶藏的洞穴……結果，你依舊沒有尋寶成功，空手而回。因為這張地圖並未標示出〇〇的緣故。那究竟是什麼呢？

正確答案就是……**「目前所在地」**。知道寶藏的位置，卻不知道自己目前身在何處，地圖因而完全派不上用場。知道終點在哪、找到了夢想，但若不清楚自己現在的實力，就無從得知究竟該往哪前進才好。

「容易放棄的孩子」不知道自己的目前所在地，亦不會試圖了解自身現在的技能程度或具備何種能力。

如同筆者所再三強調的內容般，「容易放棄的孩子」自我肯定感低，而且不想知道自己有多不爭氣。他們只肯接受自身好的一面，不想看到不好的地方，也不願讓別人發現。因此遇到會洩露出自身實力的情況時便選擇逃避。態度消極不認真、只肯練習絕對能上手的項目、完全不想參加體育賽事或發表會。

「一竅不通的門外漢要邁向高手之路，第一步就是得知道自己有多菜」。

這是廣受各年齡層讀者喜愛的漫畫《灌籃高手》中，安西教練指導籃球菜鳥櫻木花道投籃時所說的建議。**知曉自己目前的實力，才能看見通往目標的途徑**。

在我所開設的籃球教室，一得知大會開賽日期後，當天就會直接從模擬賽事內容開始進行練習。全體學員一起練習投籃、運球等比賽項目。此時我會先告訴大家「今天只是演練而已，所以無須在意勝負，只希望大家使出全力，認真以對就好。」全力以赴時就能得知自身擅長與不擅長的部分。像是「運球時會忍不住盯著球看」、「不擅長從左邊投籃」、「擅長甩開對手」等等，有助於察覺自身目前的程度。演練結束後，就會將隊員分成正式上場比賽的小組，透過GBH（本書單元25所介紹的方法）來進行回顧檢討，設定下次練習時所欲達成的小目標。知曉自身目前的所在地，才能跨出第一步。明白自己該做什麼才能具體付諸行動。

因此，當孩子找到想做的事後，請從旁助其察覺自身目前的程度，也就是沒有灌水，真實現況的實力。

孩子想學會二年級所教的所有國字，就先確認目前大概認識多少字。孩子想以鋼琴彈奏喜歡的樂曲，就請其實際演奏一番看看。

總之就是秉持著「先試一次看看」的態度。

請大家將本篇開頭所述的寶藏地圖故事說給孩子聽，闡述得知自身目前所在地的重要性。**找出夢想或目標，確認目前所在地，規劃出連結夢想與目前所在地的路徑**。每天朝著這條路一步步地前進，就能達成目標，實現夢想。將實現夢想的路線圖寫在紙上進行說明時，能更加深孩子的理解。

此外，確認目前所在地這件事並不是在開頭做過一次就結束，而是在達成目標之前皆應固定進行。讓孩子能隨時確認自己離夢想又接近了多少、已經走了多遠。將進度表貼在桌上、寫在月曆上，為孩子的行動留下紀錄是很重要的。逐步接近目標的前進感，會成為孩子做出下一個行動的能量。

30

堅持到底的孩子之父母親，會讓孩子察覺自己目前的程度！

31

堅持到底的孩子做任何事皆如嬰兒學步，容易放棄的孩子則哥吉拉式地跨大步。

「目標應該愈大愈好嗎？還是愈小愈好呢？」

若是被孩子問到這個問題，讀者們會如何回答呢？

這個問題並沒有正確答案。應該說，我認為在育兒教養方面的所有事，幾乎都沒有正確答案。

人究竟是為何目的而設定目標呢？

就我個人而言，**為了明確釐清該做的事以提升幹勁，讓自己能專注執行，就是設定目標的目的**。從這項觀點來看，當孩子明白自己該做什麼，能維持高度動力著手進行時，無論目標是大還是小皆無所謂。

根據上述論點，我才會建議做任何事都無法長久持續的「容易放棄的孩子」，盡可能將目標設得愈小愈好。

至今我接觸過相當多的孩子，並感受到**與其將執行期間拉長設定大目標，設定短期小目標反而會有比較多的孩子能持續努力下去**。

當目標太大時，有些孩子在著手進行前就會覺得「反正我再怎麼練習也辦不到」而打退堂鼓。凡事起頭難，欲達成目標的最大阻礙，其實就在最初的第一步。若在這裡便栽跟頭，就無法往前進。如此一來便無法累積成功經驗。

亦無從建立起自己能做到的自信。就這層意義來看，才會建議孩子從小目標開始做起。

小目標又被稱為baby step，指的是連小嬰兒也能達成之意。

「堅持到底的孩子」無論做任何事都會以嬰兒學步的態度來面對。

每天都會設定絕對能達成的目標，並確實完成任務。做好自身決定的事項是無比重要的一件事。

徹底遵守與自己的約定，就會變得願意相信自己。「我可以做到」的自信將會增強，令人得以設定更遠大的目標。即使起初只是一小步，**只要持續不懈就能產生巨大的力量**。

大家能想像僅有五公分的小骨牌，推倒大小等同聖母峰骨牌的情景嗎？

《成功，從聚焦一件事開始：不流失專注力的減法原則》這本書，介紹了一則有趣的推骨牌實驗故事。

以一張五公分的骨牌依序推倒一點五倍大的骨牌，以此類推想像，第十張骨牌有兩公尺長、第二十三張則與艾菲爾鐵塔一樣高，最後順利推倒第三十一張比世界第一高峰聖母峰還要巨大的骨牌。也就是說，五公分的骨牌能產生推倒世界之巔聖母峰的力量。

面對具有目標但無法做出行動的孩子，請盡可能賦予他們小目標。執行要點有三。

①短期間　②百分之百能達成　③能由孩子本人自主決定

詢問孩子「從現在開始一小時，你覺得能看完幾頁？」、「今天的足球課，感覺能射門成功幾次？」一起擬定小目標。只做一道題目也可以，只練習一分鐘也沒關係。能貫徹執行與自己的各項約定，才能產生堅持到底的毅力。

「所以不能懷抱著遠大的夢想囉？」

當然沒有這回事。只不過，若是媲美哥吉拉的巨大目標，還請幫忙分解成能放入孩子嘴巴裡的大小。

若孩子的目標為「一年後能跑完十公里」的話（目前的實力為一公里），請拿出紙筆畫線連結目前所在地與終點，並為孩子設下許多小小的里程碑。也就是**從終點往回推算，與孩子一同立定各階段的目標**。

就好比「你打算在十個月後跑完幾公里？半年後呢？三個月後呢？這個月呢？這星期呢？還有今天呢？」

如此一來，該做什麼事就會變得明確，也比較容易踏出最初的一步。

千里之行始於足下。**首要之務就是推倒小骨牌**，接著再推倒比這稍微大一點的骨牌。人生就是不斷重複累積這樣的過程。

31 堅持到底的孩子之父母親，會賦予孩子小骨牌（目標）！

32

堅持到底的孩子孜孜不倦，容易放棄的孩子則當作苦行。

「孜孜不倦，才能學有所得」。

這是我們學院的核心概念。

在孩子們全心投入，渾然忘我的那一瞬間會學到很多事。著迷熱中就會無所畏懼。面對未曾經歷過的事物也能勇於挑戰。因為有趣，才能堅持下去。想知道更多，才會想再多加學習。即便失敗，也能告訴自己「再試一次看看」。縱使是需要鼓起勇氣的事，也能因為喜歡而往前踏出一步。

為孩子們提供令其能全心投入的學習環境，就是我最大的使命。

「堅持到底的孩子」個個都是全心投入的達人。當他們感到心動「好想試試！」的瞬間，這道開關就會被打開。沒有任何人能阻止、任何人的聲音都傳不進來，一頭鑽進自己的世界裡。他們會將全副心力傾注於此，處於高度專注的狀態。用腦、用身體、用心來進行，整個人顯得興致勃勃。無論經過多久都不見疲態，甚至還會說「明天也要繼續」。周遭其他人看不明白究竟有什麼樂趣，但對孩子本人來說自有其意義。

「堅持到底的孩子」的原動力來自**內在動機**。

內在動機指的是，源自自身內部想嘗試看看的好奇心。追著蟲跑、專注入迷地畫畫、立體拼圖一拚就是好幾個小時。這無關是否能獲得任何人的稱讚、有無獎勵可拿，因為有趣所以才做。

「容易放棄的孩子」則是靠著**外在動機**行事。外在動機指的是，動力源自獲得獎勵或避免受罰等目的。

像是「為了通過升學考而用功」、「為了晉級而練習」、「不想被爸爸罵所以才去上鋼琴課」等等，屬於努力硬撐來完成任務的類型。

每個人或多或少都帶有外在動機，但是當此動機過於強烈時，著手進行某件事的樂趣也會隨之消失。

「沒有獎勵的話我就不做了」、「又沒有人在看，我才不要練習」、「已經考取學校了，不想再用功」等等，**以獲得獎勵為目的而做出行動時，原本從自身內部湧現的幹勁就會逐漸**

消逝。有鑑於此，協助孩子提升內在動力，就是養成恆心與毅力的關鍵。

接下來要從心理學家契克森米哈伊（Mihaly Csikszentmihalyi）所提倡的心流理論中，為大家介紹三則能透過家庭教育提升孩子內在動力的方法。

也就是激發孩子「想嘗試的情緒」，使其全心投入的手法。

①阻絕負面情緒

人一旦感到不安或擔憂時，便無法集中精神。若孩子顯得神色不安時，請展現出包容的態度，並將其感受言語化。**將不安的感受訴諸言語時，情緒就會漸趨和緩**。不明白不安情緒源自何處時，不安感就會逐漸膨脹愈變愈大。詢問孩子「有什麼讓你感到在意的事嗎？」、「覺得被同學聽到你的演奏很不好意思嗎？」幫孩子將不安趕出腦外。此外，換個地方，排除漫畫或電視等會令人分心的物品，**為孩子營造能靜下心來從事活動的環境也很重要**。

②設定適合孩子的難易度

配合孩子的程度，設定不過度艱深也不過度簡單，難易度適中的挑戰。最初的一步若過於困難便無法順利起步，因此建議先從百分百能達成的小目標著手。總之，進行過程中隨時與孩子討論是較為理想的做法。

③父母親以身作則

父母親全心投入活出自己的人生，這才是最重要的事。若孩子身邊的大人十分在意他人的目光、壓抑自身的情緒、犧牲自我、一味忍耐，無法為真心想做的事傾注熱情時，孩子也會有樣學樣，壓抑忍耐自己想做的事，變得無法主動做出行動。小時候玩盪鞦韆並沒有特殊的理由。因為想玩才玩、因為想這麼做才做，就只是這樣而已。當大人能在日常生活中多少重新找回這樣的感覺時，相信孩子也能隨之學會重視自身的感受。

32 堅持到底的孩子之父母親，會全心投入活出自己的人生！

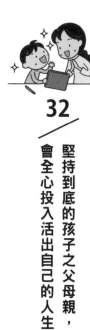

33

堅持到底的孩子具有使命感，容易放棄的孩子則是被趕鴨子上架。

您的孩子是否具有使命感呢？

使命感會大幅左右孩子堅持到底的毅力與幸福度。

下面這段文章是有關三名砌磚工匠的寓言故事。

我想讀者們看完後應該能明白使命感的重要性。

一名旅人遇到三位砌磚工匠，並詢問他們：「你們在做什麼呢？」

第一位工匠回答：「工頭命令我們疊磚塊呀。我真是受夠這份工作了。」

第二位工匠回答：「我在砌牆。雖然很辛苦，但為了賺錢也沒辦法。」

第三位工匠回答：「我在建造能流傳後世的『大聖堂』。相信建築完成後一定能成為許多信眾的心靈歸宿。能從事這份工作真的很光榮。」

面對同一件事，有些人抱怨連連做得不情不願，有些人則覺得與有榮焉。第三位工匠就是具有使命感的人。使命指的是，**位於目標前方的目的**。也就是為了什麼目的而達成目標。比方說，某人的目標為考上某國中，通過考試後想實現的心願，即為使命。

「容易放棄的孩子」缺乏使命感。

儘管懷抱著「想當醫生」、「想開蛋糕店」、「想成為職棒球員」等夢想或目標，但被問及「為什麼你想做這件事呢？」、「成為職業球員後有什麼打算？」時卻無法用自己的話做出回答。這就如同第一位砌磚工匠般，無從想像疊完磚塊後的未來。

即便起初是因為有興趣想做才著手進行的事，也會因為遇到不如意或挫折，而逐漸感到厭煩。最後就會覺得「為什麼我得做這種事啊」而乾脆放棄。

負有使命時，每天都會充滿樂趣，「不得不做的事」會轉變為「想做的事」，而能持續對自身所決定的事付出努力。

該怎麼做才能讓孩子帶著使命來從事各種活動呢。

其實很簡單。只須提出一個非常見效的問題就好。那就是**「持續做這件事能帶來什麼收穫呢？」**

看見孩子找到想做的事，拚命努力的模樣時，請試著提問「你今天也很認真呢。做了這件事能帶來什麼收穫呢？」當孩子願意娓娓道來時，請展現出聽得津津有味的態度，給予回應「然後呢？再多說點嘛」**讓孩子想像達成目標後的景致**。

父母：「你今天也很認真寫補習班的作業呢。持續這樣用功，**能帶來什麼收穫呢？**」

孩子：「在考試時能拿到高分，就能考上我想讀的國中。」

父母：「考上那間國中**能帶來什麼收穫呢？**」

孩子：「那間學校的棒球隊很強、很有名，我想努力練球去甲子園比賽。」

父母：「原來你想去甲子園呀。去甲子園比賽**能帶來什麼收穫呢？**」

孩子：「能成為職棒球員。」

以這樣的方式聽完孩子的意見後，再總結歸納「所以說，○○你將來想成為職棒球員，為了實現這個目標才想就讀棒球強校，希望能去甲子園比賽。因此你現在才會犧牲許多樂趣，拚命用功。」讓孩子能更明確掌握使命，將現在的課業學習與將來的職棒球員夢連成一條線。正因為能看見達成目標後的風景，即使失敗、備感艱辛，也能不放棄地付出努力。

此外，父母親從平時便與孩子分享工作方面的話題，亦相當有助於孩子理解使命的重要性。話題不僅限於工作內容，**還請家長們充滿熱忱地告訴孩子，自己是為了什麼目的而工作、而這項工作能帶來哪些貢獻等等**。

33

堅持到底的孩子之父母親，會詢問孩子「這件事能帶來什麼收穫呢？」

34

堅持到底的孩子想當MIP，容易放棄的孩子想當MVP。

「今天誰贏了？你第幾名？」

體育賽事結束後，經常會看見劈頭就先問結果的家長。持續這樣的說話方式時，很有可能導致小孩變成「容易放棄的孩子」。家長在比賽結束後所顯露的態度，會對孩子的將來產生極大的影響。

孩子總是從大人看不見的角度觀察父母親對自己抱持著何種期待。

劈頭就問比賽結果或得到幾分時，「結果才是最重要的！」思維便會深植在孩子內心。「不想因為失誤而被夥伴們討厭」、「輸了就無法讓父母親開心」的不安或恐懼等負面情緒就會隨之湧現。

陷入這樣的狀態時，就無法在正式比賽時發揮平時的水準，有時還會為了交出成果而偷偷地違反規定。

「堅持到底的孩子」想成為MIP。MIP為Most Improved Performer的簡稱，是頒給進步最多者的獎項。競爭對手為從前的自己。自己比過去的自己成長了多少即為評價基準。而且，打分數的人是自己。

相對於此，MVP是頒給表現最為傑出者的獎項。

拋開與他人較勁爭奪MVP的思維，就能不受他人與環境左右，專注在自身的本務上，進而發揮實力達到最好的表現。

活躍於奧運的運動選手們皆具有一項共通點。

那就是，**能全神貫注在自己所能掌控的事項上。**

個人有辦法掌控比賽結果嗎？即便能發揮平時練習的實力，但能不能贏過對手仍然是未知數。

那天氣呢？裁判的判定呢？能逢凶化吉嗎？

思考這些無法靠自身力量改變的事物，完全無濟於事。反而會導致自己無法專注在原本該做好的事情上。

一流的運動選手即使在比賽中發生意想不到的狀況，也會瞬間判斷**「這是否為自己所能**

掌控的事」並調整心態專注在自己該做的動作上。

此外，當努力也無法獲得成果的狀態持續下去時，就會產生「我好沒用」的無力感，往前邁出腳步的勇氣也會逐漸消失（心理學上稱之為習得性無助）。「做什麼都不會成功」的思維會被深植於腦中，遇到任何事都會自動放棄，甚至不再付出努力。

要讓孩子不受環境左右，做出最好的表現，**將焦點放在能透過自身意志與行為掌控的事物上**是無比重要的。

【能掌控的事項】	【無法掌控的事項】
設鬧鐘避免睡過頭	睡過頭遲到
考試前的讀書進度	考試內容或測驗結果
溫柔對待心儀的對象	收到心儀對象所送的巧克力
規劃能贏得比賽的練習菜單	贏得比賽
學生會長選舉要投給誰	學校規定

身為父母親，**應該以孩子現在的狀態來對比過去的情況，並針對孩子所能掌控的步驟或**

事前準備給予關懷。

〈例〉比賽後

「透過今天的比賽學到了什麼？」、「練習的東西有發揮出來嗎？」、「跟上次比起來如何？」、「打算進行什麼練習來迎接下一次的比賽？」

想要獲勝，大原則就是忘掉勝負這件事。**持續要求自己拿出最好的表現，不但有助於自身的成長，最終還能帶來勝利**。自身的價值並非取決於計分板的數字或獎盃數量，而是**「從失敗中學習的態度」**、**「為了獲得成長所付出的努力」**、**「為達到最佳表現的事前準備」**所決定的。父母親不應拿孩子與他人比較，也別只光看結果，而是將目光轉往各項過程來與孩子進行互動。

34 堅持到底的孩子之父母親，會誇獎孩子所能掌控的事！

35

堅持到底的孩子勇於挑戰新事物，容易放棄的孩子則不願嘗試新事物。

「容易放棄的孩子」對新事物感到排斥。

若是失敗該怎麼辦的不安感遠比想嘗試看看的好奇心還要強烈，因而遲遲無法踏出一步。他們只肯做絕對能成功的事，總之就是不想有所改變。

只挑絕對能上手的事來做，或許令人感到心安。然而，永遠泡在溫水（同溫層）裡是不會有所成長的。

要有所成長，跳出被稱為**「舒適圈」**的「同溫層」才是關鍵所在。舒適圈顧名思義就是「感到放鬆自在的環境」。也就是憑藉著自身目前所擁有的知識或經驗就能打通關的領域。跳著已熟悉的舞蹈、與認識的小朋友玩捉迷藏等等，不必因為擔心失敗而感到不安或恐懼，能夠如同待在自己家裡般，優游自在地做出各種行動，就是所謂的舒適圈。

從這裡跨出一步，則是遼闊的**「成長圈」**。也就是無法憑藉著至今所累積的知識或經驗打通關的領域。意即，挑戰。學習新的舞蹈動作、在沒去過的公園玩、與不認識的小朋友玩捉迷藏等等，必須面對與平時不同的全新環境、做出新行動。放眼所見都是未曾接觸過的事，難免會因為不安或壓力而產生心理負擔。然而，就像鍛鍊肌肉那樣，**施加負荷能促進一個人的身心成長**。還請家長們協助孩子從舒適圈跨足成長圈。

接下來要為大家介紹三項具體方法。

①允許失敗

在孩子從事新活動時，透過以下說法給予鼓勵。

「現在要做的這件事會比以前的稍微難一點。所以剛開始可能會失敗。**但是，我不會因為你失敗就生氣，所以出錯也沒關係的**。就跟打電動一樣，失敗也不會覺得痛，可以不斷重新來過。所以，就先試一次看看吧」。

當孩子能認知到失敗是件很正常的事情，獲得出錯也不會挨罵的保證時，就比較容易踏出第一步。

有名學童當年讀大班時，曾聽我表示「出錯也沒關係喔。」而大感衝擊「什麼！居然可以出錯！」一直到升上五年級後仍一直記著這句話。自從聽過這句話後，開始變得願意積極挑戰新事物。

允許失敗。當孩子失敗時，則輕描淡寫地表示「就跟你說沒那麼容易吧。再接再厲喔！」

②觀看他人的示範

看到身邊其他人的成功景象時，孩子的信心也會隨之提升，覺得「說不定我也能做到！」不妨請其他小朋友或年長一點的孩子進行示範。父母親自下海也不錯。此外，也很推薦近距離欣賞專業人士的表演，這樣有助於孩子找到學習榜樣，「我想變得跟○○一樣厲害」。

③不強行逼迫

從成長圈再往外踏出一步，則為「恐慌圈」。一旦進入此處，就會被極度的不安所壟罩而陷入混亂狀態。這會形成「再也不要做這件事」的心理創傷，而無法跳脫舒適圈，變得非常害怕挑戰。

為了避免使孩子淪陷恐慌圈，請務必秉持著「**做與不做都交由本人決定**」的自發性挑戰（Challenge By Choice）原則。

每當看到有學童面露不安時，我就會告知「不必勉強自己做這件事喔。在一旁觀看就等於在腦袋裡跟著學習，這樣就夠了。等你想做的時候再試試看」而不會強制他們參與。為孩子提供能安心選擇不做的環境，再讓孩子自行決定做或不做，是我一貫的信念。

若孩子在進行某活動前感到不安時，請跟他們說說話「你是擔心萬一失誤的話該怎麼辦嗎？」接納其情緒，給予鼓勵，幫助他們往出踏出一步（秉持著不踏出這一步也OK的心態）。

35 堅持到底的孩子之父母親會歡迎失敗！

36

堅持到底的孩子會發展擅長的事項，容易放棄的孩子則強忍著克服不擅長的事項。

「字必須寫得漂亮！跳舞時必須面帶笑容充滿朝氣！計算問題必須拿一百分！」

偶爾會看見這樣的家長。

相較於孩子所學會的事，更關注孩子表現得差強人意的部分。

為了不讓孩子因為不擅長某些事而吃苦，所以處心積慮地要幫孩子克服這些問題，盼他們十項全能。也因為這樣的父母心使然，不但會安排孩子學習大量的才藝，甚至會全天候陪伴指導孩子學習。

讓孩子累積各種經驗，多方拓展其興趣與視野是相當重要的。學會原本不會的事物亦有助於建立自信。

然而，強迫孩子做他們不擅長的事，只會消磨其幹勁與自信，也無法培養出相關能力。過度要求完美，會摧毀孩子的特質，導致各方面表現平庸，無法發展出屬於孩子的個人優勢。

「讓孩子只做喜歡的事，這樣真的好嗎？只專注發展擅長的事項，這樣長大後不會更辛苦嗎？」我明白家長們這些擔憂的心情。究竟是該「發展擅長的事項」還是「克服不擅長的事項」，對大人而言也是很棘手的問題。

不過，在我的教室，基本上會建議「發展擅長的事項」。理由有二。

①能提升內在動力

如同本書單元32所講解的內容般，要讓孩子保有高度專注力持續進行某件事，**激發其「躍躍欲試」的好奇心**是無比重要的。這就是內在動力。若是孩子擅長的事項，便能夠在零壓力的狀態下著手展開，也比較容易得到「達標」的成就感。而這些成就感就會點燃「還想變得更厲害」的鬥志。

如此一來，孩子就會從擅長轉變為喜愛，因為喜愛就會花更多時間來鑽研，愈鑽研就愈專精，然後又會變得更熱愛，形成令人不斷成長的良性循環。**擅長進而喜愛，喜愛進而擅長**。

②能應用於其他領域

日本有句俗諺為一藝通百藝，**意指精通一門技藝後，便能應用於其他分野**。透過舞蹈所培養的表現力，在發表自身意見時也能派上用場、寫毛筆時的專注力也能活用於其他學習上。此外，從零開始鑽研某領域，能體驗到從門外漢晉升到高手等級的過程，只要以同樣的要領來學習其他事物，不管學什麼都能快速上手。有些事乍見之下對將來的工作似乎沒什麼幫助，但徹底鑽研擅長事物的學習經驗，其實能活用於任何領域。

此外，專注發展擅長事項的過程中，必定會因為遇到不擅長的部分而卡關，而此時就是好好面對不擅長事物的機會。與其不由分說地被迫苦練不擅長的事，在自己願意面對時帶著挑戰的心態來應對，克服的速度也會比較快。

在我的籃球教室也是如此。技術等級最高的高段班學員，無論是多單調的練習或是自身不擅長的事項，都會自動自發樂在其中地鞭策自己。

這是因為他們一心想要「變得更強」的緣故。如果將同樣的情況套用在小一生身上會如何呢。我想應該會留不住人，教室只得關門大吉吧。

誠然，克服不擅長的事項的確有其好處，不但能令人安心往前踏出一步，而且各種事物都「懂一點」，在學校學習時就不會因為不擅長而感到排斥。然而，針對做任何事都無法持續的「容易放棄的孩子」，還是強烈建議從發展擅長事項著手。

在尊重孩子感受的同時，試著讓他們從有點擅長、喜歡的事物開始發展。

36

堅持到底的孩子之父母親，會讓孩子透過擅長的事建立自信！

第5章

人際關係 篇

37 堅持到底的孩子不在意獨自玩耍，容易放棄的孩子會因為無法打入圈子而扭扭捏捏。

「不曉得是否已經習慣新班級了？」、「不曉得是否跟同學和樂融融地玩在一起？」似乎有很多家長對於孩子的交友狀況、與同儕團體的互動情況感到在意。

在公園內看到其他孩子玩得興高采烈，自家孩子卻無法加入其中時，就會忍不住覺得「主動表態不就得了」。雖然建議孩子「跟大家說『我想跟你們一起玩』看看？」但孩子就是扭扭捏捏地不敢出聲，似乎覺得很難為情。相信家長們也會因為不知道該如何給予協助而感到煩惱吧。

首先我想跟讀者們強調，**「無法打入圈子≠發展遲緩」**。有些孩子喜歡跟一大群人熱鬧地玩在一起，有些孩子則喜歡一個人安安靜靜地玩耍。有些孩子活潑好動喜歡跑來跑去，有些孩子則喜歡動腦思考的圖板遊戲。

每個孩子覺得「有趣」的點皆不相同，即便孩子的情況並未按照書上所寫的發展階段

走，也無須在意。這點相當重要。

當父母親拘泥於「應該要這樣」的框架，過度擔憂而導致孩子感到焦慮時，就會摧毀孩子的主體性。孩子將不再以自己覺得「有趣」的事物為主，而是先查看父母親的反應，因而無法培養自主思考做出行動的能力。

此外，孩子也會因為無法回應父母的期待、無法順利與朋友打成一片而喪失自信，變得更害怕與他人互動相處。

在我的教室，「堅持到底的孩子」皆各有各的玩法。有些孩子能立刻跟任何人打成一片，一大群人玩在一起。有些孩子則自己一個人不斷地玩拼圖，完全不在意其他孩子玩得不亦樂乎的情景。「耶！！我拚完了！」就只是按照自己的步調開心地獨處。

我明白家長們對於孩子是否能在團體生活中與同儕好好相處、玩在一起感到擔憂的心情，但其實**只要孩子找到自己喜歡的事物，自然就會因此與同學們有所交集**。

要找出喜歡的事物，別無其他，**就是讓孩子按照自己的步調盡情體驗自身覺得「有趣」的事物**。只顧著擔憂「得跟大家打成一片」，是無法找到樂趣的。若孩子並沒有因為同儕關係而顯得不自在時，便無須心急，靜候守護即可。

另一方面，有些孩子會因為想跟小朋友玩卻不知該怎麼做才好而感到煩惱。遇到這種情況時，還請家長們予以協助。接下來則分成三個方法來解說具體協助方式。

①告訴孩子「自己一個人玩也沒關係」

「要跟大家好好相處，打成一片」既是學校的教導，亦是父母的期許，但有時卻會因此造成孩子的不安。有些一臉不安的孩子聽到大人表示**「一個人玩並不是什麼壞事喔」**、**「如果想跟大家一起玩時，要說出來喔」**就會因此感到安心。

②從打招呼做起

要跟其他正玩得起勁的小朋友說出「我想加入！」其實頗有難度，因此請先試著從打招呼做起。打招呼能讓自己敞開心房，就比較容易跟小朋友們搭上話，結交到朋友。打招呼就是發出「我想跟你說話」的信號。若孩子不太會打招呼時，家長們可以助陣，試著帶領孩子融入團體裡。

③父母親也一起加入

有些孩子不知道該說什麼話來表態，此時父母親就可以來個示範會更有效果，例如「○○你在堆沙堡嗎，我可不可以跟你一起堆？」

建議找年長的孩子玩（尤其是女孩子），他們會很樂意照顧小朋友。父母親就可以在陪玩的過程中慢慢地離開遊戲區。在剛開始時，即使已從遊戲區抽身，也請待在近處守候。孩子會覺得萬一有什麼狀況就可以立刻回到父母身邊取暖，而能安心地與小朋友玩耍。

37

堅持到底的孩子之父母親，會告訴孩子自己一個人玩也可以，並加以守護！

38 堅持到底的孩子覺得被討厭也無所謂，容易放棄的孩子則不想被討厭。

「我總是很在意分數。老是觀察周遭的臉色，扮演符合大家期待的自己。我不想再這樣下去了」。

這是我25歲時所寫的日記內容。

「容易放棄的孩子」會試圖討好所有人。也就是所謂的長袖善舞型好學生。他們會率先做出令人喜愛的行為，大人會因而誇獎「你好細心喔」，「朋友」也是多到數不清。

與此同時，由於過度察言觀色，有時會無法說出真正想說的話，也會壓抑忍耐自己真正想做的事。會對朋友所說的話耿耿於懷，以致沒有心思做任何事。

永遠戰戰兢兢地暗想「會不會被討厭啊」、「有沒有說我壞話呀」。被問到「怎麼了嗎？」時，往往沉默不語，因為本人也不曉得自己究竟想怎樣。

雖說這並沒有引起什麼特別大的問題，但就是摸不清孩子究竟在想什麼。讀者們是否也曾遇過這樣的情形呢？

話說回來，一定得跟大家和樂相處，打成一片嗎？和樂融融，開心互動的關係或許是比劍拔弩張地對立來得好。然而，抱持著「必須跟大家當好朋友，不然會被罵」的想法時，孩子也會很辛苦。總是得裝成熟、展現細心體貼的一面，有時甚至會因此而身心俱疲。

所以說，不是勉強自己喜歡感到討厭的人事物，或隱藏自身的情緒建立表面和諧的關係，**承認自己的好惡感受，建立讓彼此相處起來都能感到自在的關係**才是最重要的。不必跟每個人都要好也可以。討厭的東西就繼續討厭下去也無所謂。只要懂得互相尊重彼此的感受就好。我認為，這樣反而比較貼近現實社會的情況。

要做到這點，**說出真心話很重要，也不能因為害怕衝突而避重就輕**。

在我的教室並沒有「大家都是好朋友」的規定。取而代之的是，為了打造「讓大家都能快樂學習的教室」，而採用以下三項規定。

①不必跟大家一樣也可以

正因為每個人的想法與意見不同，才會帶來各種樂趣，讓人有所成長。捉迷藏這個遊戲也是這樣，「如果同時有很多鬼是不是很有趣？」、「被鬼碰到後就要像結冰那樣凍在原地如何？」學童們總是有源源不絕的點子，我們教室的捉迷藏也一再進化。

有人提出反對意見，或是自己與周遭抱持著不同的看法，**都是促進大家成長的學習經驗，也是發明有趣事物的一大機會**。因此我總是告訴學童們，不必跟大家唱同調也沒關係，思考反對意見也很重要。

②舉手提出反對意見

若不贊成別人的意見時，不是中途打岔開口損人「你說的不對啦！」、「別亂講啦，白癡！」或是在背地裡說當事人的壞話，而是當場舉手發言。不能以「總覺得不是很贊成」的說法來交代，而是**直指反對什麼，為何會覺得對方的意見不對，明確說出讓大家感到認同的理由**。

③不以多數決的方式定案

多數者的意見並不代表一定正確。相較於正不正確，知曉各種意見反而才能有所學習。

就算只有一個人表示反對，所有人也會聆聽其意見。我會請表示反對的孩子說出理由，接著請表示贊成的孩子表達自己的意見。在彼此對話討論的過程中，意見有所變動也ＯＫ。因為意見有所改變就是成長的證明，我樂見其成。

這雖然要花比較多的時間，但透過這些過程，能讓孩子培養出，既尊重對方情緒，又能妥善表達自身意見的能力。

不傷害對方，自己亦不隱忍。孩子能逐漸學會建立這樣的人際關係。

38

堅持到底的孩子之父母親，不會強迫孩子「要跟大家當好朋友」！

39 堅持到底的孩子會先聽對方怎麼說，容易放棄的孩子則置若罔聞。

「聽媽媽的話！」

不管糾正幾次，孩子就是不肯好好聽話。大人話都還沒說完，就嚷著「我知道啦」而離開座位。您家的孩子是否也有這種情形呢？

「容易放棄的孩子」喜歡跟人說話，但不會聽人說話。所以經常會囫圇吞棗地做出行動，搞得一蹋糊塗，不時挨罵「到底要說幾次才懂啊！」。做任何事都失敗連連，因而失去自信，半途便索性放棄。

另一方面，「堅持到底的孩子」會確實聆聽對方所說的話。即便有想說的話，也會聽到最後才表達自己的意見。聽完內容後會針對不懂的地方提出問題，動腦理解吸收後才做出行動。因此，無論是在課業學習還是運動方面，都能迅速掌握要點，進步飛快。他們會因為體會到大量的成功經驗而更加有自信，對於自己所從事的活動愈發感到有趣，所以才能持續堅持下去。

眾所皆知，傾聽力不僅會影響學習能力，對於朋友之間的相處等人際關係的建立亦相當重要。

那麼，該怎麼做才能提升孩子的傾聽力呢。接下來要為大家介紹三項祕訣。

①父母親先聽孩子怎麼說

即便有想說的話，也先聽完孩子所說的內容。這點非常重要。

勿將煩躁的情緒直接說出口，為自己按下暫停鍵，做個深呼吸。若有必要，則先離開現場。待情緒平復後，再聽聽孩子怎麼說。

「這也不可以！」、「那也不可以！」**大量使用否定或禁止孩子行為的說法時，孩子會覺得聽大人說話很痛苦，而關閉心房**。如此一來，無論說什麼都無法讓孩子聽進去。

提升孩子傾聽力的關鍵就在於**「接納孩子的情緒」**，以及讓孩子擁有**「大人願意傾聽而感到開心的體驗」**。這麼做，能讓孩子獲得心靈上的滿足，產生餘裕，進而轉變態度，願意確實聆聽對方的話作為回饋。

1、停下手邊的作業　2、放下手機　3、配合孩子的視線，彼此面對面　4、看著孩子的眼睛　5、點頭表示「嗯、嗯」　6、做出回應「很好啊！原來如此！然後呢？」　7、展現出興趣，聽得津津有味

這七點就是聆聽孩子說話時的基本態度。只要聽孩子說話時確實做到這七點，我敢保證孩子的傾聽力一定會大幅躍升。先從一天花個五分鐘做起也可以，還請撥出時間試試看。

此外，當手邊有事無法聽孩子說話時，請與孩子約定「我現在走不開，等吃完飯後再聽你說好嗎？」但是**禁止開出「下次再說吧」、「等一下再說吧」這種無心兌現的空頭支票**。

②以肯定說法來告知具體行動

「給我好好做！」、「給我好好表現！」、「要當個好孩子！」像這樣的表達方式，只會讓孩子覺得不知如何是好而感到混亂。**以肯定說法來取代否定說法**，例如「如果你能幫忙整理碗盤的話，我會很開心」言語溫和地具體說出希望孩子做哪些事。

③讓孩子獲得聽人說話好處多多的體驗！

當孩子好好聽完自己所說的話時，請記得對其表達感謝。「○○，謝謝你專心聽我說

話」。此外，當孩子照著父母親或老師所言，獲得「功課變好」、「投籃命中率變高」等有所進步的體驗時，就會願意多聽別人怎麼說。因此，對孩子所說的話若轉化為任何具體可見的成果時，即時對孩子表示「你的解題速度變得比剛才還快耶」、「幸好有你幫我，真是太感謝了」會更有效果。

39

堅持到底的孩子之父母親，會先聽孩子說話！

40 堅持到底的孩子會承認錯誤並道歉，容易放棄的孩子則堅稱「自己沒有錯」。

「容易放棄的孩子」即便覺得自己做了壞事，也很難主動開口道歉。會把過錯推到別人身上「我沒有錯」、「都怪○○不好」而不肯承認自己的錯誤。有時甚至會刻意隱瞞，好讓惡行不會穿幫。

「是你做錯事，還不快道歉！」

經常看見這種家長要孩子開口道歉的場景。

然而，這其實是反效果，會讓孩子養成只要說聲「對不起」就能獲得原諒的觀念。**這等於奪走了孩子思考自身的哪些行為是錯誤的、因此害對方產生何種感受的機會**。由於根本沒有反省錯誤，所以會一再做出同樣的事。對朋友做出不好的行為而道歉，並不是為了獲得媽媽的原諒，而是為了向受到傷害的朋友，表達自身愧疚的情緒才對。該怎麼做才能讓孩子自覺做了壞事時，主動開口道歉呢。本篇就要為大家介紹五項重點。

①包容孩子的情緒

當孩子引發問題時，會在「被我搞砸了～」與「肯定會被罵～」的雙重壓力夾擊下，導致情緒宛如滔滔洪水般潰堤，當下無法思考任何事。所以先接納孩子的這些情緒是無比重要的。

「弄壞○○的玩具，你覺得很難過吧」、「被○○插隊你覺得很生氣，所以才打人家對吧」**請像這樣共感孩子的情緒**。首先表示理解，有時也可以緊緊擁抱一下孩子給予安慰。這麼做能悄悄帶走孩子的負面情緒，讓他們能冷靜下來思考。

②不否定其人格

平時便經常否定孩子的人格，例如「所以你才總是這麼爛」、「我可不記得有教出像你這樣的孩子」等等，會讓孩子心靈受創，覺得「我就是沒用」。如此一來，當問題發生時由於孩子不願再受到傷害，便不肯主動道歉。

因此，平時無論是給予讚美或提出糾正，**將孩子的行為與人格分開來看，只聚焦於行為來做出表示**是非常重要的。這樣當問題發生時，孩子便能將自身的價值與所做的行為分開來思考，而能主動承認自身不好的行為。

誇獎時：「你真是個好孩子」↓「你今天也很專心看書呢」。

糾正時：「所以你才總是這麼爛」↓「你沒在規定的時間內回家，媽媽實在很傷心耶」。

③確認應該道歉的部分

請協助孩子理解自己究竟是哪裡做錯了。即使孩子說了「對不起」，也請詢問「你覺得自己哪個地方有錯呢？」、「怎麼做會比較好呢？」、「你覺得對方會有什麼感受呢？」**讓孩子釐清應該道歉的部分**。實際向對方道歉時，透過自己的話語來表達，也比較容易讓對方感受到懺悔的心意。

〈例〉「我不應該在大家面前嘲笑○○你認真努力完成的畫，真的很對不起。」

④稱讚孩子道歉的勇氣

當孩子主動承認過錯開口道歉時，請即刻予以稱讚。道歉對大人來說也是需要勇氣的一件事。接著再詢問「道歉後有什麼感受？覺得舒坦多了？對方聽完後表情如何？」促使孩子確認道歉行為帶來什麼樣的轉變。

⑤父母親以身作則

親子之間的相處，有時家長難免會流於情緒化地對孩子發火，遇此情況應坦率地表示「剛剛是媽媽不好，沒必要生那麼大的氣。對不起喔，害你難過了」待自身已恢復冷靜後再說也沒關係，還請確實地表達給孩子知道。

希望孩子能做到什麼事時，父母親應率先以身作則。請透過行動讓孩子明白，**道歉並非沒有用或丟臉的事，而是加深與對方情感連結的重要溝通方式**。

40 堅持到底的孩子之父母親，不會不由分說地要孩子「說對不起！」

41

堅持到底的孩子會冷靜地表達憤怒，容易放棄的孩子則壓抑憤怒導致失控爆發。

「容易放棄的孩子」不會生氣。不，是**無法生氣**。被揶揄嘲諷時無法回嘴、遭到捉弄也不敢表達自身的感受。

有些孩子會因為再也無法壓抑情緒而失控暴走。原本從未引起任何問題的「好孩子」突然變壞，或把自己關在房裡不肯出來的個案亦日漸增多。

像這樣，將「憤怒」的情感封閉起來，而無法表現出自身的感受時，就會愈來愈不明白自己的真實情緒，以致無法順利地控制情感。

「憤怒」是生而為人的尊嚴受到危脅時所發出的信號。亦為一種警告，告訴我們有人不把自己當人看。不自我壓抑或忍耐，**察覺自身所發出的「憤怒」信號，說出自身的真實感受並不忘尊重對方**是無比重要的。

本篇要為大家介紹三則訓練孩子適切表現「憤怒」的方法。

①不把孩子當小孩看

當父母親總以「不准哭！」、「不可以生氣！」、「要忍耐！」的方式來抑制孩子的情緒時，孩子就會認為「原來不能表現出情緒」而習於否定自身的感受。重要的是，**將孩子當成獨立的個體看待**，就像與朋友或同事互動相處般。看到朋友哭泣時，我們不會說「這種事有什麼好哭的！」而會用「怎麼了？有我能夠幫忙的地方嗎？」來表達關懷吧。看到同事生氣時，也會表示「發生了什麼不愉快的事嗎？如果你願意的話再跟我說」。不會用在朋友身上的說話方式，也不應該用在孩子身上。我認為這才是恰到好處的態度。

②冷靜分析怒氣，具體陳述

「為什麼沒寫作業！」、「為什麼要說謊！我從來沒有這樣教過你！」當父母親平時總是控制不住情緒地發火開罵時，孩子就會有樣學樣地如法炮製。另一方面，若父母親總是壓抑情緒一味忍耐，孩子也會看在眼裡。這在心理學上稱為**模仿效應**（modeling），**孩子會在無意識間觀察父母的言行，並實際做出相同的行為**。你是否也將自身孩提時代父母親令你感到不愉快的管教方式，沿用在自己孩子身上呢。

父母親做出良好示範來表達憤怒是很重要的。

將「憤怒」背後的心聲表達出來，而非針對「憤怒」發聲。阿德勒心理學認為「憤怒」為次級情緒，在其最深處隱藏著代表自身「心聲」的原始情感。

媽媽太晚來接我而感到「被冷落」、爸爸不肯聽我的意見而感到「傷心」等等，都會轉化成憤怒的情緒，因此憤怒的背後一定隱藏著代表原始情感的「心聲」。首先本人應察覺這份「怒意」背後的「心聲」，並冷靜地表達出來才是最重要的。透過以自身為主語的我訊息來訴說會更好。

（我訊息表達方式）

因為你○○（對方的言行），所以（我）覺得△△（原始情緒）。

「看到你不寫功課只顧著打電動，媽媽很擔心」

「爸爸這麼相信你，你卻不肯跟我說實話，我覺得很失望」

③幫孩子將憤怒轉譯為原始情緒

忍耐怒氣或動不動就發火的孩子，其實是因為不懂得如何適切表現感受。因此，請溫柔地進行提問，助其表達出真實的情緒。

「看你好像很煩躁，怎麼了嗎？」、「發生了什麼難過的事嗎?怎麼了？」、「○○在你很寶貝的書上亂畫，你覺得很傷心吧？」以這樣的方式**協助孩子察覺憤怒背後的原始情緒**。能察覺真實情緒時，心情就會比較穩定，也比較容易向對方表達出來。若孩子的情緒爆炸，什麼都不想說時，便無須勉強進行開導，只要表示「有什麼需要幫忙的地方再跟我說喔」孩子就會感到安心。

41 堅持到底的孩子之父母親，會幫孩子將憤怒轉譯為原始情緒！

42

堅持到底的孩子會用靜香型溝通方式，容易放棄的孩子則用大雄型溝通方式。

媽媽友（或上司）約你吃午餐。可是昨晚的飯菜還有剩，必須在中午吃完不然會餿掉。所以其實你比較想解決剩菜剩飯。你會如何在不傷害對方情感的前提下，說出自己的真心話呢？

溝通方式可分為三種類型。接下來會搭配上述案例的回應內容來進行解說。

1　被動型溝通（Passive Communication，大雄型）

「當然好啊！（然後把剩菜丟掉）」

配合對方所言，不說出自己的真實想法。

2　攻擊型溝通（Aggressive Communication，胖虎型）

「我才不想跟你吃午餐咧，別再約我了」。
不考慮對方的感受，單方面地主張自己的意見。

3　自我肯定型溝通（Assertive Communication，靜香型）
「謝謝你約我吃午餐。可是我家昨天做的飯菜還有剩，如果你願意改天再約我的話，我會很開心」。
顧及自己與對方的感受，表達自身的真實想法。

「堅持到底的孩子」會使用3自我肯定型的溝通方式。
無論是不想去的遊玩邀約，或是被說壞話、被插隊，**都能以不觸怒對方的方式來主張自身的感受**。
懂得這麼做時，就不會因為不愉快的事而感到煩悶氣惱，校園生活也會變得更有趣。長大成人後，相信也能與各種不同立場與價值觀的人，建立良好關係，一起工作。
要讓孩子養成自我肯定型的溝通方式，親子一起針對各種案例進行討論是最具成效的。
將這三種溝通方式代換成哆啦A夢中的人物進行說明，並舉出孩子實際生活中曾發生過的情況，一同思考。要訓練孩子堅定友善地表達自身意見，請活用DESC法，並透過四個步驟來提問。

「〇〇把孩子心愛的玩具借走了卻不歸還，令孩子感到困擾」

步驟1　Describe：詢問發生問題的狀況或事實

「怎麼了嗎？」、「〇〇（孩子的名字）發生了什麼事呢？」

步驟2　Express：詢問孩子的想法或感受

「你現在有什麼想法呢？」、「你現在有什麼感受呢？」

步驟3　Suggest：詢問孩子希望對方具體做出什麼行動

「你希望〇〇怎麼做呢？」

步驟4　Choose：詢問孩子若對方確實照著自己的提議做時會如何

「如果對方照做了，能帶來什麼好處嗎？」

透過DESC提問後，便可如下述內容般整理出孩子的意見。

D：明明說好昨天要還我玩具，可是到現在都還沒收到

E：○○沒遵守約定，我覺得很難過

S：無法遵守約定時，希望對方能立刻告訴我

C：這樣我就會覺得安心，願意再把玩具借給他

問出DESC的內容後，家長們不妨來個角色扮演，假裝成借走玩具的小朋友。起初比照右邊的方式寫在紙上，依序唸出聲也是很好的方法。若孩子為低年級時，只簡單地將E的部分表達給對方知曉也可以。

42 堅持到底的孩子之父母親，會教導孩子尊重自己與對方的溝通方式！

43 堅持到底的孩子會將意見與事實分開來看，容易放棄的孩子則會將意見當成事實。

「B這個人很壞心眼，勸你最好不要跟他玩」。

當年小學三年級的我，聽到A同學這麼說後，就跟B同學漸行漸遠了。明明B同學是我從幼稚園以來的死黨。後來我才知道，真正壞心眼的人其實是A同學。他喜歡靠著說大家的壞話，來獲得班上同學的關注。

「容易放棄的孩子」**會將他人所說的意見當成事實**。

意見指的是「因人而異的判斷或想法」，事實則是「多數人認為正確而且信賴的客觀訊息」。

被朋友說「你不是打棒球的料，還是別自討苦吃吧」而選擇放棄。被老師建議「學英文長大後會很受用喔」而開始學習英文。這名友人與老師所說的內容，皆屬於意見。也就是個人的感想，並非事實。

「容易放棄的孩子」不懂得將「意見」與「事實」分開來思考。不會懷疑「真的是這樣嗎？」一旦他們認為正確而深信不疑後，就會成為無法撼動的事實。可能只因為聽信某個人的意見，就斷然放棄想做的事。

在今後這個資訊社會，**培養不被資訊牽著鼻子走，能自行過濾判斷何為意見何為事實的資訊素養（Information literacy）**相當重要。

本篇要為大家介紹在美國用來判斷假新聞時所活用的**CRAP測試法**。對孩子提出這四道問題，能幫助他們培養區分意見與事實的能力，而不會將資訊照單全收。

接下來就以開頭所舉的「B這個人很壞心眼，不要再跟他玩」為例，來進行CRAP測試。

C（Current）當前狀況：這番話的內容是最近的事嗎？

B要壞心眼或許是幼稚園時代的事。因此必須確認這是哪個時期的消息。

R（Reliable）可信度：這番話是真的嗎？ 可以相信？ 是本人實際見到的嗎？

請詢問孩子是根據什麼才會認為「B是個壞心眼的孩子」。即便A這樣想，並不代表其他孩子也有同樣的看法，而且孩子本身對B怎麼想才是最重要的。

若孩子表示「前幾天在路上跟他打招呼，但他居然不理我。所以我覺得他很壞心眼」，父母親就可以提出這樣的意見「真的是因為壞心眼才故意不跟你打招呼嗎？你想想有沒有其他的可能？像是戴著耳機聽音樂，剛好沒聽到你的聲音之類的……」。

A（Authoritative）權威性：說這番話的人本身是值得信賴的嗎？

A同學可能平常就是一個愛搬弄是非的孩子（實際上也是如此），也有可能是A同學誤會，而認為對方壞心眼也說不定。

P（Purpuse）目的：為何對方會跟我說這番話？

搞不好是因為孩子不想再上游泳課，所以拿一起學游泳的B同學來當藉口，好讓父母親能答應自己的要求。所有的訊息都是有目的的。例如「為了讓顧客買下商品」、「為了防止病毒擴散」、「為了跟朋友交好」等等。**為了達成目的，有時發出消息者會對資訊動手腳，或懷有惡意地散布偏頗的訊息**。

若事關重大時，請一起前往現場確認該消息是否屬實。直接在現場所獲得的資訊，會成為孩子的財產，並有助於培養想像力。

43

堅持到底的孩子之父母親，聽孩子所說的話時會區分何為意見何為事實！

44

堅持到底的孩子認為「父母的人生是屬於父母的」，容易放棄的孩子則是「父母的人生是屬於他的」。

「容易放棄的孩子」會認為**「父母的人生是屬於他的」**。每當自己「求助」時，父母就會隨傳隨到，遇到任何疑難雜症都會幫忙處理好。他們總認為，父母正在看書或正在做家事都與我無關，反正就是應該要隨時聽我說話、幫我實現任何願望。

要讓孩子建立自我肯定感，聆聽他們所說的話、在其遇到困難時給予協助與安慰至關重要。感受到父母親的關愛，才能形成自己是備受呵護的體會。尤其是在年幼時期，盡可能實現孩子的願望、回應其要求是非常重要的。

然而，不惜自我犧牲，過度以孩子為優先時，可能會教出不懂得顧及對方感受的「任性」孩子。甚至還會令其認為對方只是為了滿足自身的需求而存在。如此一來，不但在學校會狀況百出，也無法結交到朋友。出社會後將面臨更嚴峻的打擊，沒有人會想理這種只顧自身利益的人，因此勢必遭到孤立。

此外，若父母親連孩子做得到的事都出手幫忙時，孩子就永遠無法自立。覺得孩子繫鞋帶要花很多時間而代為綁好時，孩子就學不會綁鞋帶。

「孩子幸福就是父母的幸福」。

懷抱著這樣的心願並沒有錯。然而，「孩子若不幸福的話，我也無法變幸福」將孩子與自己的人生視為一體是很危險的想法。

「孩子能幸福我自然感到開心，但是否幸福則是孩子本身的課題」像這樣，**確實將自己與孩子的人生分開來看待**。如此一來，孩子能學會對自己的人生負起責任，也會懂得愛人如己，重視身邊之人的情緒。**父母的人生是屬於父母自己的**。

話雖如此，我想應該會有很多家長認為，突如其來地被建議要活出自己的人生，其實也挺無所適從的。本篇除了先前提過的「取悅自己」之外，還要為大家介紹三項從今天起就能實踐的做法。

①以自我肯定型溝通方式說NO

若有其他預定行程或因為疲憊而無法回應孩子的要求時，請透過本書單元42所講解的**自**

我肯定型溝通方式，告知孩子「現在無法配合」。

〈例〉「我很喜歡聽○○你講學校的事，但我明天有工作要處理，想早點睡，可以請你明天早上再說給我聽嗎？」

②課題分離

當孩子要求「幫我做～」時，若此為孩子已學會的事物，則對其表示「這○○你能做到喔。我就在旁邊看著，你試試看」讓孩子自己動手處理。

若孩子不曉得做法時，則先告知「這次我教你，下次開始就要自己做喔」再進行指導。如此一來，孩子就會把這件事當成自己該做好的事而認真觀摩學習。即使孩子下次做不來，也不出手幫忙。畢竟之前就已經約定好了，所以不記得做法完全是孩子的責任。**明確區分父母與孩子的課題，不介入孩子的課題，才能讓孩子培養出責任感**。

不是因為孩子提出要求而有所回應，**而是針對每件事思考該怎麼做「才能讓孩子不再要求？」**，並搭配適切的互動方式，這樣教養會變得更輕鬆，孩子也能學會自立。（例：製作指導手冊、將做法拍成影片、將順序寫在便利貼上、陪孩子一起練習直到學會為止）

③制訂屬於「父母親的時間」

明確劃分以孩子為優先的「兒童時間」以及以自己為優先的「媽媽（爸爸）時間」，並告訴孩子這件事。「到晚上八點前是兒童時間，所以我能念書給你聽喔」、「星期天早上是媽媽時間喔」像這樣事先告知孩子時，就算父母無法即時回應自己的要求，孩子也能夠接受，並且逐漸懂得尊重對方的時間。

44 堅持到底的孩子之父母親，會制訂媽媽（爸爸）時間！

45 堅持到底的孩子被稱讚時會表示「謝謝你，我很開心」，容易放棄的孩子則表示「我還差得遠呢！」。

當著家長的面誇獎學童時，十次裡會有九次得到這樣的回應：「只是運氣好而已啦～」、「還不夠好」、「完全不行吶。這孩子根本沒當一回事，希望他可以更認真一點」等等。

前幾天我稱讚某學童「○○變得比較敢積極投籃了呢」，家長聞言卻表示「不不不，投籃次數的確是變很多沒錯，但都投不進呀，很擔心他會不會給球隊扯後腿。若有任何做不好的地方，還請您嚴格教訓他喔。」甚至加倍奉還數落了孩子表現不好的部分。

而家長這樣的思維也會傳染給孩子。無論我多真心地發出讚美，有些孩子就是不肯坦然接受，只是一味表示「我超爛的。比我厲害的人多的是……」。

如同本書單元7所解說的內容般，自身所說的話會深深刻印於潛意識裡，對自我意象（自我評價）形成極大的影響。當一個人形塑出「我這個人就是沒用」的自我形象時，就無法看見自身的優點，繼而喪失自信，即便有想做的事也不敢挑戰。只會注意到自身的缺點，愈發對自己感到厭惡，陷入自我否定的惡性循環裡。抱持著「我就是沒用」的想法過日子時，就真的會變得愈來愈沒用。**話語會塑造孩子的未來**。

「堅持到底的孩子」獲得他人稱讚時，會以「我也這麼覺得」、「我就是天才嘛」、「謝謝」、「很開心聽到你這麼說」等肯定說法來做出回應。認同自身的優點，「我有實力做得到」的自我意象就會不斷擴大茁壯，自信心也會隨之大增。即使失敗，也能相信自己可以愈做愈好，因此不會輕言放棄，有辦法堅持到最後。欲形成這種成長的良性循環，**讓孩子養成受到他人誇獎時欣然接受，不否定對方讚美的習慣**則是關鍵所在。為此，筆者要在此對身為家長的讀者們提出兩點建議。

①當孩子受到稱讚時，無須謙遜自貶身價

謙虛是一種美德，將他人的稱讚照單全收似乎會顯得自滿，所以必須舉出孩子的缺點來表示否定。做父母的或許是出於這樣的考量才會那麼說，但聽到父母親這番話的孩子又會是何種心情呢。不被親愛的父母所認同，還在眾人面前被揭露丟臉的事，有些孩子會顯得一臉哀傷。此外，由於孩子就在旁邊看著父母親聽到他人讚美時所做的回應，因此當自己受到稱讚時也會以同樣的方式回答「我還差得遠呢」。

當誰稱讚了孩子時，可以這樣接受讚美：「非常感謝您，聽到您這麼說，我非常高興。」這種說法，任何人都不會受到傷害。「你的成長真的讓人非常高興。」像這樣的話語就能直接傳達進孩子的心中。

為了讓孩子能對自己抱持著正面肯定的意象，請以大量的正向語言來灌溉孩子幼小的心靈。

②教導孩子「讚美之詞是禮物」

我的上司曾對我表示「我誇獎你，你卻說沒有啦，沒這回事，感覺好像是我錯了一樣，還蠻難過的耶」。我本想藉此將功勞歸給上司，卻造成反效果。站在褒獎者的立場來思考，我才恍然大悟。上司坦率地對我表達他的讚賞，希望我能對此感到開心，但我的回應卻彷彿潑了他一身冷水，暗指「你的禮物我不收」。這真的是非常失禮的行為。從那時起，我便將**讚美之詞視為禮物**，也如此教導學童們。

45 堅持到底的孩子之父母親，會將讚美之詞當成禮物收下！

讚美的話是禮物喔。○○你收到禮物時會說什麼？會說「謝謝」對吧。會用話語表達出開心的情緒吧。讚美的話也是這樣，為了讓○○你感到開心，所以對方才會將讚美的話當成禮物送給你。可是你卻回答「我才不要這種禮物」，你想對方會有什麼感受呢？會很難過對吧。所以，要先收下禮物，表示「謝謝」、「很開心聽到你這麼說」。不管你同不同意讚美的內容，先接下再說才是最重要的喔。

第6章

各種狀況應對 篇

46 堅持到底的孩子會從失敗中學習，容易放棄的孩子則害怕失敗。

失敗意即失誤犯錯。

失敗時，以往至今的努力便化為烏有。

在長大成人前，這一直是我奉為圭臬的觀念。

小學時沒有勇氣加入最愛的籃球社，也不敢跟喜歡的女孩說話。打電動專挑一定贏得了的對手對打，絕不做不擅長的事。因為想像到遭遇挫折時的景象，便令我無法往前踏出腳步。

不過當時的我覺得這樣也沒什麼不好。對我來說，**失敗就像死亡一樣，萬萬發生不得**。

「堅持到底的孩子」不怕失敗。輸了比賽、在發表會上失誤、沒拿到一百分也不會放棄。他們會不服輸地將這份懊悔轉換為「下次一定要贏回來」的動力，而更加付出努力。本篇要為讀者們介紹，當孩子害怕失敗時，家長們所能給予的兩項協助。

①改變對失敗的看法

害怕失敗的孩子認為失敗等於「不完美」、「輸」、「出錯」。所以面對未曾接觸過的事物才會遲遲不敢踏出一步。因為沒有信心能拿到滿分。**當孩子對「失敗」的想法改觀時，心態就會有所轉變，行為也會隨之起變化**。因此，關鍵就在於改變孩子對失敗的看法。

請讀者們先一起來思考一下。對你而言何謂失敗？

「這不是失敗，只不過是找到一萬種行不通的方法罷了」。

這是發明電燈的愛迪生所留下的名言。對他來說，**失敗不是犯錯，而是中途放棄**。我在課堂上會跟學童們介紹愛迪生的這則金句以及我從前的故事，接著告訴大家：

「**真正的失敗並非跌倒，而是不再爬起來**。不是像從前的我那樣，絕不做不擅長的事、只跟絕對贏得了的對手玩，直到最後永不放棄才是最重要的心態。真正的失敗是在半途便索性放棄、沒有全力以赴。就像愛迪生從不成功的經驗中不斷學習那樣，反覆練習不嫌煩是非常重要的。堅持下去，就能實現心願。」

請家長們以自身的經驗談搭配偉人故事，用自己的說法來向孩子表達「失敗論」。當然不光只是口頭說說而已，若父母親在孩子失誤犯錯、輸了比賽時出言責備，就會令孩子感到混亂。**因此所說的話與所做的行為必須相符**。也就是言行一致。相較於大人所說的話，孩子會更仔細觀察大人的行為，**因此請謹言慎行，莫忘孩子都在背後看著**。

②得意地分享失敗經驗

請以詼諧逗趣的方式跟孩子聊聊過往人生中的失敗經驗。而且要用有點得意洋洋的方式來敘述。「任何人都會失敗，這不是什麼可恥的事。所以就算你失敗，我也不會生氣的」透過聊天來向孩子傳達這項訊息。

不隱瞞自身的失敗，從平時便讓孩子看到父母親也有失敗的一面也很重要。

我明白做父母的想在孩子面前表現得盡善盡美的心情，然而，面對完美的父母親，孩子反而會感到不安「萬一失誤出錯是不是會被罵啊」，而更加害怕失敗。

無須完美。無須逞強。失敗也沒關係。父母親做自己，展現真實自我，才有助於孩子心智上的發育。

請讓孩子看到父母親成長進步的模樣。

剛開始所有人都是門外漢。從失敗中學習，逐步實現夢想的姿態，會讓孩子獲得勇氣，產生「那我也來試試看」的力量。

讓孩子看見成長而非只關注成功亦為一大重點。

46

堅持到底的孩子之父母親，會讓孩子看見自身遭遇失敗的模樣！

47 堅持到底的孩子會用邏輯樹的方式思考，容易放棄的孩子則會立刻問答案。

「我完全不懂耶，怎麼辦！老師，到底要怎麼做啊？」有些孩子遇到問題時會陷入恐慌，立刻想討救兵問出答案，而且一臉快哭出來的樣子。

在這種情況下，如果是你會如何應對呢？

問題解決力是與堅持到底的毅力密不可分的重要能力。

孩子每天都會發生各種狀況或問題，諸如「早上爬不起來」、「功課沒做完」、「惹朋友生氣」等等。當孩子懂得自行動腦思考，一一解決這些問題時，即便離開父母身邊也能自立活下去。

那麼該怎麼做，才能提升孩子解決問題的能力呢？

在我的教室會教導學童們能用來處理、解決各種問題的「**邏輯樹**」技巧。當孩子來求助時，我會請其在紙上畫出邏輯樹，一起思考解決對策。此法主要根據以下三個步驟進行思考。

步驟1　找出問題原因

步驟2　思考解決對策

步驟3　擬定行動方案付諸實行

左邊照片則是以「無法代表所屬籃球隊出賽」這個情況為例所做的邏輯樹分析。接下來一起來看三個步驟的具體解說。

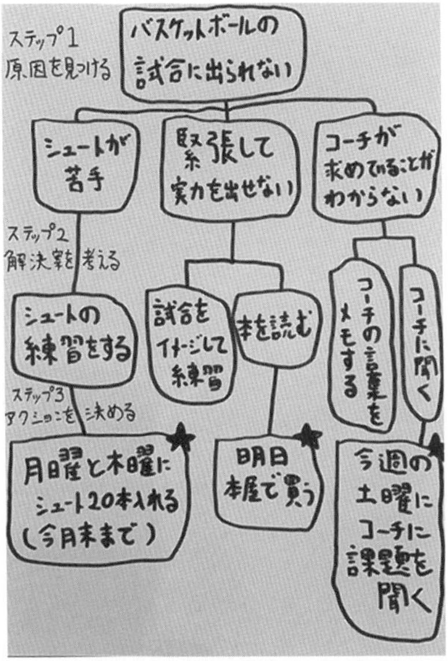

步驟1　找出問題原因

詢問孩子問題的原因「為什麼沒辦法被派上場比賽呢？」若孩子說不出個所以然，則以「出場比賽的小朋友跟你有什麼不一樣呢？」對比達成此目標的隊友，或許會比較方便孩子進行具體思考。

當孩子能說出一定程度（大約十項）的意

見時，家長便可告知自身所發現的癥結點。接著詢問孩子「你覺得哪些是能讓你被派上場比賽的關鍵項目？」將範圍縮小至三項左右。

〈問題原因事例〉

「投籃不準」、「因緊張而無法發揮實力」、「不明白教練的要求」

步驟2　思考解決對策

針對問題原因，詢問孩子「該怎麼做才能解決呢？」針對每個項目思考解決方案。在這個步驟中也是先大量提出想法，再逐步過濾，各選出一、二個優先度較高的對策。

①投籃不準↓練習投籃

②因緊張而無法發揮實力↓看書學習不怯場的方法

③不明白教練的要求↓直接問教練

步驟3　擬定行動方案付諸實行

決定行動方案後，再問孩子「要具體做到什麼程度？」、「期限是哪天？」**將應做事項數值化並設定期限**。

〈三項行動方案例〉

①練習投籃→週一與週四投籃命中二十次（到這個月底止）

②看書學習不怯場的方法→明天去書店買一本書，在下週前看完

③問教練→這個星期六直接問教練，該怎麼做才能上場比賽

當孩子來問答案時，不立刻給出答案。請一邊進行對話，教導孩子找出答案的方法。

47 堅持到底的孩子之父母親，會陪孩子一起透過邏輯樹來思考！

48

堅持到底的孩子會透過想法來調整情緒，容易放棄的孩子則是被事件左右情緒。

「事件不會製造煩惱，自身對該事件所抱持的偏頗信念才會衍生出煩惱」。

這是美國心理學家亞伯・艾里斯（Albert Ellis）所說的話。他認為**一個人看待事情的方式，會連帶改變其情緒與行為，並因此創立了「ABC理論」**。

學會應用ABC理論，就不會被各種事件或情緒牽著鼻子走，而能讓心情平穩下來，專注在應該做好的事情上。即便發表會出師不利、與朋友吵架，也不會「鑽牛角尖」，懂得「正向思考」。遇到不如意也不會輕言放棄，能相信自己，朝著目標邁進。

在我所開設的教室，固定教導孩子ABC理論。

ABC理論的A（Active event）代表事件。B（Belief）則為信念或想法。C代表（Consequence）情緒或行為等結果。

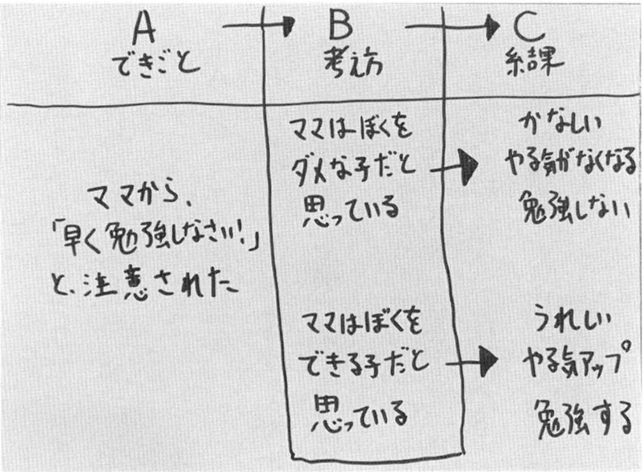

「被媽媽指責『還不快念書』覺得很不爽，失去用功的動力，乾脆擺爛」，以ABC理論來思考這個例子時，就會得到乾脆擺爛的結果。

雖然無法改變A「被媽媽指責」這件事，但B可轉念想成「媽媽是因為關心我才會嘮叨」。想法轉變，心情就會改變，行為也會起變化，人生跟著大不同。**不是事件讓人變幸福，而是想法為人帶來幸福**。建立這樣的思維模式後，無論未來發生什麼事，相信孩子應該都能不迷失自我地積極過生活。因此，希望讀者們也能在家裡教導孩子這個ABC理論。接著為大家解說教導時的三項重點。

重點1：舉出孩子在這一週內所經歷的「難過事件」或「生氣事件」，以圖表的方式寫下ABC

理論來進行學習。剛開始時，建議以孩子已能平靜面對的事件為例，比較能客觀進行思考。

重點2：寫完ABC的內容後，聚焦在B的想法上，一起尋找其他看法。比方說「輸掉比賽覺得很傷心，不想再練習」這件事，可彙整為如下的ABC內容。

A（事件）：輸掉比賽

B（想法）：沒贏得比賽，根本白練了

C（結果）：很傷心不想再練習

詢問孩子「沒贏得比賽，真的等於努力白費嗎？」或**改變觀點探問**「雖然比賽輸了，但有沒有帶來任何收穫，有的話是什麼？」

「加強練習，投籃變準了」＝雖然輸了比賽，但技術進步了

「得知自己不擅長運球」＝找到下次練習的目標

重點3：當孩子說出幾項意見後，再問「你舉出了很多看法，那你覺得哪種想法能讓你

有所成長，心情也會比較輕鬆愉快？」請孩子針對各種想法進行選擇。詢問孩子選完想法後，情緒有什麼樣的轉變也是個好方法。

（流程）①以圖表的方式寫下ABC內容　②找出其他想法（B）　③選擇想法

學會各種思考方式，就能自力為人生做出選擇。

48 堅持到底的孩子之父母親，會教導孩子變幸福的思考方式！

49 堅持到底的孩子能從容面對突發狀況，容易放棄的孩子若未按照計畫就會覺得恐慌。

您的孩子是否曾因為行程突然改變、或面臨與平常不同的狀況而感到驚慌呢？

原本預定要跟朋友玩，卻因為對方突然發燒而取消、原本預定要去遊樂園玩，卻下起雨來、原本預定要去購物中心採購，卻前往別家超市……。

「容易放棄的孩子」**遇到未按照計畫執行的情況時就會感到煩躁**。預定稍微有變動或發生狀況時，腦袋就會變得一片空白，陷入恐慌狀態。對於玩具的玩法也自有一套堅持，不合己意時就會高分貝地哭鬧。

此外，接觸新事物時會一臉不安地頻頻詢問「這樣就可以了嗎？這是對的嗎？」總之務必確保事情如自己所想般發展。對未知感到害怕。

擬定計畫循序漸進、建立自身的例行習慣來面對各項活動是很重要的。從一開始便規劃好應做事項，就能毫不迷惘地專注執行。

然而，**在團體生活中往往會發生意想不到的狀況**。有時會因為下雨而無法打熱愛的躲避球、玩具也無法獨佔必須大家輪流使用。

年幼時只要又哭又叫，大部分的事通常就會如己所願，但上了小學後這一套可行不通。這樣只會成為大家眼中任性又自私的傢伙，不但會被同學討厭，也很難跟大家玩在一起。

「堅持到底的孩子」**遇到突發狀況不會慌了手腳**。因為下雨而無法打熱愛的躲避球時，就會尋找能在教室進行的活動，開始捉迷藏。無法獨佔玩具時，就會跟同學們一起想出新遊戲，互相較勁「這招你會嗎？」即便發生意想不到的狀況，也能悠然自得。

該怎麼做才能讓孩子學會遇到突發狀況時沉著應對呢。接下來要為讀者們解說，在我接觸擁有強烈自我堅持、容易感到不安的孩子時，所實行的兩種互動方法。

①「提早知會」、「告知孩子能接受的理由」

在得知預定可能會變更的階段時，便提早知會孩子。例如「如果下雨，可能就沒辦法去遊樂園了」、「如果其他小朋友來了，能把玩具借給他們嗎？」等等。此時請接著說明孩子能接受的理由。「這早就決定好了，我也沒辦法」、「不行就是不行」的這種說法，會導致孩子的情緒爆炸。請聆聽孩子所說的話，接納其情緒，再說明理由讓孩子能理解接受。

有些孩子會因為玩得不亦樂乎而忘了事先與家長所做的約定，每隔一小段時間便出聲提醒「再過三十分鐘就要回家囉」、「還剩十五分鐘喔」、「只剩下五分鐘囉」孩子就會有心理準備。

②與孩子一起擬定B計畫

計畫生變時，請與孩子一起擬定新方案。也就是B計畫。

詢問孩子「雖然沒辦法打躲避球，不過還可以玩什麼呢？」、「雖然旅行取消了，不過還可以在家裡做哪些有趣的事呢？」一起思考令人感到雀躍的點子。當孩子能想像要做什麼事時，情緒應該就會隨之穩定下來。

累積愈來愈多順利完成新方案的經驗後，即便計畫有變，孩子也能處之泰然。發生意想不到的麻煩或狀況時，懂得找出自己所能處理的事項，冷靜應對。

此外，當孩子習慣這樣思考後，在擬定計畫時就會再準備另一項方案，以備不時之需。

發展到這一步時就會令家長覺得既放心又可靠。

49 堅持到底的孩子之父母親，會與孩子一起欣然面對突發狀況！

50 堅持到底的孩子擁有克服挫折的經驗，容易放棄的孩子則不曾遭遇挫折。

孩子沒在約定好的晚餐時間回到家。這時你會怎麼做呢？

「已過用餐時間孩子卻還沒回來時，完全無須出言訓斥，只要把飯菜收起來就好。這麼做不是要給予懲罰，而是讓孩子體驗結果」。

這是被譽為自我啟發之父的阿德勒教育哲學。事先與孩子說好，違反了用餐時間的約定時就會沒有飯吃。若孩子未守信，只要依約應對即可「你晚回家了，飯菜就沒收囉」。像這樣，阿德勒心理學相當注重**讓孩子體驗結果的教育**。讀者們是否覺得這樣的父母親很冷酷呢。然而，或許這才是真正的溫柔。

直升機父母（helicopter parent）在美國成為一大社會問題。

直升機父母指的是，搶先幫忙解決所有孩子可能感到棘手的問題，像是「現在不把英文學好，將來會很困擾喔」、「我幫你做就好」、「這樣做就能搞定喔」。

不願心肝寶貝受苦。不希望他們艱辛難過，只要累積成功經驗就好。出自這樣的父母心，為孩子打造了安全有效率的成長軌道，並企圖讓孩子搭上這班直達車。因為深信這樣對孩子最好——。

如此一來就會剝奪了孩子「獨立思考自主決定的經驗」，以及「從失敗中學習的經驗」。鮮少有機會面對「悲傷」、「懊悔」、「煩躁」等負面情感時，便無法培養**控制情緒與克服困境（心理韌性）的能力**。遇到辛苦的狀況時無法撐下去，中途便乾脆放棄。孩子最終會成為只懂得聽命行事，一味「等待指示」的被動之人。

我明白父母親捨不得孩子痛苦難過的心情，然而，痛苦難過並非壞事。**負面情緒是令人成長的一大關鍵要素**。回顧過往，讓我們有所成長的人生分歧點，應該都存在著「伴隨著負面情感的體驗」。

遇到困難的經驗正是學習的好機會。若父母親出面解決孩子的問題，無異於奪走其成長的機會，也就無從養成克服困難的能力。**遇到困難並非壞事**，而是為了日後離開父母身邊時能成為自立之人的重要步驟。

您是否將「沒問題嗎？」、「我很擔心你耶」這些話掛嘴邊，對孩子操心個沒完呢。我明白這些話是出於關愛，不過，動輒表示擔心其實等於對孩子丟出這樣的訊息：「**我對於你能不能做好這件事感到不安，因為我無法相信你的能力**」。

心理學上有個知名的**畢馬龍效應（Pygmalion Effect）**，指的是「**人往往會交出符合周遭期待的結果**」。當父母親認為孩子「沒有能力」、「可能不會順利」、「沒有克服困難的能力」時，孩子真的就會變成這個樣子。不挑戰、不會成長、永遠都無法獨立。

若期盼孩子有所成長，**則請以「信任」取代「擔心」**。

再次強調，遇到困難並非壞事，吃苦的經驗是最佳的學習機會。所以大可放寬心讓孩子遇到困境、體驗悲傷難過的情緒。

相信我的孩子一定能克服這些難關，就是身為家長的你所能給予的最大支持。

當然，若事情攸關性命或對周遭人們造成困擾時，則必須積極介入。除此之外的情況，就交由孩子來處理，只須說聲「若有什麼事再跟我說喔」，從容地靜靜守候即可。

當孩子來求助時，以詢問的方式提供意見「如果改成這麼做的話，你覺得如何？」一同尋找解答。家長並非孩子的老師。自主思考做出行動的「結果」才是孩子的老師。所以，孩子沒趕上約定好的用餐時間時，就不提供飯菜。看到孩子準備遠足行李手忙腳亂時也不出手幫忙。全心信賴交給孩子來處理。

按捺住想出聲指點的心情，就是父母親最大的課題。

50 堅持到底的孩子之父母親，會以信賴取代擔心！

後記　—堅持到底的孩子之父母親＝塞翁失馬、半途而廢的孩子之父母親＝有起有落—

完全做到本書所講解的內容，也不保證一定能教出「堅持到底的孩子」（請勿生氣喔）。若認為孩子有做到本書所說的「堅持到底的孩子」之行為習慣就是好，反之就是壞的話，應該很難如願。因為，**這種評價的態度不但會對孩子，也會對家長本身帶來壓力的緣故**。

在最後有些觀念想與讀者們分享，因而寫下這篇後記。

那就是，育兒教養的過程就好比「塞翁失馬」那樣。我想大家應該聽過這句俗語吧。這句話的典故如下。

一名老人丟失了愛馬，然而過了一陣子後，這匹馬竟然帶了一群馬回來。又過了好幾個月後，老人的孩子騎著這匹馬時落馬摔斷腿，也因為這樣不必上戰場而撿回一命——。

這個故事的啟示為，**世上所發生的任何事皆沒有「好」、「壞」之分**。有時覺得「好」的事卻招致不幸，有時覺得「壞」的事卻帶來幸運。未來是無法預料的。「**無論發生什麼事都以平常心看待**」就是這句格言的涵義。育兒也是如此。所以希望讀者們不要放大檢視孩子的每一項行為而影響心情。

在孩子的成長過程中，每天都會發生各種不同的狀況。明明功課還沒寫卻謊稱「已經寫完了」、欺負弱小的妹妹遭到訓斥時，卻搬出「歪理」來為自己開脫、渾身泥濘卻直接跑進門，衣服脫了亂丟在客廳……。看到這樣的情景，忍不住氣極敗壞地大聲對孩子開罵。雖然覺得若不狠狠罵一頓，孩子根本就不會聽，卻又對自己的咆哮行為感到沮喪，看著孩子的睡容陷入自責的情緒裡。對不起，我是個失格的母親。逐漸對育兒感到力不從心，因而失去自信。這是我所見過的許多家長的寫照。**情緒隨著孩子的各種狀況上下起伏時，不但孩子無法放輕鬆，父母親也會疲憊不堪**。

育兒教養的過程就是塞翁失馬。以長遠的眼光來看，沒有所謂的好與壞。

我讀小學時有幸在關西地區頂級資優升學補習班上課，在校成績也因此名列前茅。

然而，我在班上卻被同學討厭，遭霸凌兩年，沒有人願意跟我做朋友。不過或許也因為這樣而能把全副心力投注在課業上，順利考取了第一志願的私立國中。結束升學考試後，我一頭栽入了熱愛的籃球世界，卻永遠坐冷板凳，因而失去自信選擇退隊。由於沒事可做，我開始打工，然後交了一位可愛的女朋友（三個月後被分手），各種狀況層出不窮。

就像我們從前所經歷過的種種那樣，孩子也會透過各式各樣的經驗，從中加以學習，逐漸成長。產生負面情緒的經驗反而能為孩子帶來生存的力量（虐待孩子或暴力相向的行為會成為終生的心理創傷，斷然不可）。

即便父母為孩子準備好絕佳的環境，也可能會對孩子帶來最壞的結果，當然，也有可能正好相反。

全心信賴孩子。不過度干涉其人生、不奪走失敗的機會、保持適當的距離靜靜守候，才是父母親的職責所在。只要讓孩子明白，父母親對他們的存在感到歡喜，無論發生什麼事都會與他們站在同一邊就可以了。

期盼讀者們能找出適合自己的育兒方式。

不被「應該要怎樣」的教條所束縛，而是注重「我想要怎樣」的想法。

希望讀者們能真實地做自己，散發出屬於自己的光芒、活出自己的人生。

無論在這之前採取何種教養方針、孩子是否曾因此受過傷，都能透過你今後的互動方式，如同下黑白棋般翻轉孩子的未來。

所以，無論發生什麼事都請放寬心。**一切都會是最好的安排**。

我打從心底為讀者們加油打氣，盼望大家能找出屬於自己的育兒方式，活出自己的色彩。

在閱讀本書的過程中，或許有些讀者會感到被責備，或認為「說得有道理，但實在很難辦到」。

會有這樣的感想也無可厚非。家長可能會因為有太多事要忙而沒有餘裕，但追根究柢，基本上**父母親怎麼教育我們，我們就會怎麼教育孩子**。

世上找不到完美的父母親。**人或多或少都會因為父母的影響，而在心裡留下傷痕**。你的父母親也跟你一樣帶著同等程度的傷。

話雖如此，這並不代表這個連鎖效應會不斷持續下去。**長大成人後的你，可以用自身所嚮往的教養方式，重新教育自己**。

本書的基本定位為「育兒書籍」，但其實內容也很適合大人應用實踐。請化身為自己的母親，**不僅針對孩子，也將這些觀念活用在自己身上**。如此一來，便能比照教育自己的方式，順利教導孩子。

沒有什麼事會比你的心情愉快還重要。因此不妨從滿足自身的情緒開始做起。讓我們一起盡情地享受這個瞬間，活在當下。

感謝在我執筆期間擔任編輯的明日香出版社朝倉優梨奈小姐，以及發掘我出道的久松圭祐先生，真的承蒙兩位大力相助。

還有令我察覺到自身「出書」夢的瞬讀協會理事，山中惠美子小姐、瞬讀學員、讓我能近距離見習何謂作者風範的岡崎かつひろ先生、教導我與家長溝通互動方式的小川大介老師，以及總是真心支持我的夢想的Joe Vlog與JOE'S CLUB的會員們，若沒有大家的扶持，我也無法完成這本書。

TEAM YNK成員，以及PETERSOX工作人員在本書製作過程中，從企劃到原稿校對提供了各種寶貴的建議。PETERSOX的學童以及家長們亦給了我許多與孩子互動的靈感。一直以來真的很感謝大家。

將我拉拔長大的父親與母親，以及吃同一鍋飯長大的弟弟。雖然我一路走來並不平順，也給你們添了許多麻煩，但總算活出自己的色彩（謝謝你們）。總是在我有困難時出手協助的岳家家人們，是你們教會我挑戰的重要性，以及家族情感的可貴。

還有，我的人生伴侶，總是包容接納最真實的我，有時會措詞嚴厲出言提醒我的妻子優芽。因為有妳在，我才能一直做自己，才能展現自己最好的一面，真的很謝謝妳。

最後，若讀完本書的讀者們，能或多或少找到與孩子互動的喜悅，度過符合自身理想的每一天，將是我最大的幸福。

期待某天能與大家再相會。

岡崎 大輔（Mr. Okacchi）

參考文獻

小川大介《守護教養法：不否定、不過度給予、不焦急，日本教育專家教你養出聰明的孩子》（三民出版社）（2021）
辻秀一《子どもが伸びるスポーツの声かけ》（池田書店）（2017）
干場弓子《不快樂，就不是工作》（悅知文化）（2021）
岡崎かつひろ《「好き」を仕事にできる人の本当の考え方》（きずな出版）（2021）

參考網站

THE FIRST TEE web　https://firsttee.org/
育兒研習會 TERU channel（YouTube）
小川大介「守護教養法」線上交流社團

[作者簡介]

岡崎 大輔 (Okazaki · Daisuke)

生活教練／生活技能學院 PETERSOX負責人

1980年出生於大阪。
同志社大學法學院畢業後，任職於外商製藥公司。在提供憂鬱症治療藥物相關資訊的過程中，體悟到「要根絕憂鬱症，從小到出社會前的生活技能教育無比重要」而在30歲時，前往麻薩諸塞州春田學院留學，就讀運動心理諮詢系碩士班。
在學期間以生活技能教育為主軸，學習相關指導知識與技巧，並於哈佛大學與奧運選手培育機構接受生活技能訓練，取得教育學碩士學位。
畢業後，則在擁有全球最大規模生活技能教育事業版圖的First Tee 舊金山分公司任職，以生活技能教練的身分，為三千名以上的兒童打造教育課程，並獲頒First Tee最優秀教練獎。
2014年於和歌山縣創辦生活技能學院PETERSOX，所揭櫫的願景為「無論何時、置身何處，皆能打造出讓自己發光發熱的社會」，至今已為一萬名以上的兒童提供寓教於樂的生活技能教育。
2019年則獲頒JCI JAPAN TOYP 2019（通稱：青年版國民榮譽獎）會長特別獎，這是表揚活躍於日本各地域之20歲至40歲青壯年世代的一大獎項。

透過正向教養，
讓「容易放棄的孩子」變成「堅持到底的孩子」

2022年6月1日初版第一刷發行

作　　者　岡崎大輔
譯　　者　陳姵君
編　　輯　吳元晴
美術編輯　黃郁琇
發 行 人　南部裕
發 行 所　台灣東販股份有限公司
＜地址＞台北市南京東路4段130號2F-1
＜電話＞(02)2577-8878
＜傳真＞(02)2577-8896
＜網址＞www.tohan.com.tw
郵撥帳號　1405049-4
法律顧問　蕭雄淋律師
總 經 銷　聯合發行股份有限公司
＜電話＞(02)2917-8022

國家圖書館出版品預行編目(CIP)資料

透過正向教養，讓「容易放棄的孩子」變成「堅持到底的孩子」/ 岡崎大輔著；陳姵君譯. -- 初版. -- 臺北市：臺灣東販股份有限公司, 2022.06
243面；14.7×21公分
ISBN 978-626-329-252-9（平裝）

1.CST: 親職教育 2.CST: 家庭教育

528.2　　111006411

"YARINUKUKO" TO "NAGEDASUKO" NO SHUKAN